LANDTAG VON BADEN-WÜRTTEMBERG

LANDTAG VON BADEN-WÜRTTEMBERG

11. WAHLPERIODE
1992–1996

Stand: Dezember 1992

NDV NEUE DARMSTÄDTER VERLAGSANSTALT

Die Deutsche Bibliothek – CIP-Einheitsaufnahme

Landtag von Baden-Württemberg: 11. Wahlperiode,
1992 – 1996; [Volkshandbuch]/[Hrsg.: Klaus-J. Holzapfel]. –
Stand: Dezember 1992. –
Rheinbreitbach: NDV, Neue Darmstädter Verl.-Anst., 1993
ISBN 3-87576-296-7
NE: Holzapfel, Klaus-Jürgen [Hrsg.]

ISBN 3-87576-296-7

Herausgeber: Klaus-J. Holzapfel
Redaktion: Klaus-J. Holzapfel, Andreas Holzapfel
Gesamtherstellung: Ebner Ulm

© 1993 by NDV Neue Darmstädter Verlagsanstalt, Rheinbreitbach

Inhalt Seite

Vorwort 7

Wahl und Arbeitsweise des Landtags 9

Sitzordnung 31

Biographien und Bilder der Abgeordneten nach Alphabet . . . 33

Fraktionen 82

Präsidium, Schriftführer 85

Ausschüsse 86

Berufliche Gliederung der Abgeordneten 100

Altersstruktur der Abgeordneten 102

Wahlergebnis 103

Auszug aus der Verfassung des Landes Baden-Württemberg . . . 114

Geschäftsordnung des Landtags von Baden-Württemberg . . . 126

Landesregierung 172

Abkürzungsverzeichnis 175

DR. FRITZ HOPMEIER

Präsident des Landtags von Baden-Württemberg

VORWORT

Die Arbeit des Landtags stößt bei der Bevölkerung unseres Landes und vor allem bei jungen Menschen auf breites Interesse. Dies zeigt sich nicht nur in der großen Zahl von Besuchern, die zu den Plenarsitzungen und zur Diskussion mit Abgeordneten in das Haus des Landtags kommen, sondern auch in zahlreichen Anfragen von politisch engagierten Bürgern.

Das Parlament hat im demokratischen Staatswesen eine zentrale Gestaltungsaufgabe. Hier werden öffentlich die Grundlinien der Politik erörtert und festgelegt.

Mit der Landtagswahl am 5. April 1992 haben die Bürgerinnen und Bürger von Baden-Württemberg diese Aufgabe einem neuen Landtag übertragen. Der 11. Landtag von Baden-Württemberg, dessen vierjährige Wahlperiode am 1. Juni 1992 begonnen hat, zeigt gegenüber den früheren Parlamenten in mancherlei Hinsicht eine veränderte Gestalt. Mit seinen 146 Abgeordneten, die sich auf fünf Landtagsfraktionen verteilen, überschreitet dieser Landtag beträchtlich die in der Verfassung festgelegte Mindestzahl von 120 Abgeordneten. Die Bildung einer Großen Koalition als Konsequenz der Landtagswahl hat einschneidende Veränderungen im traditionellen parlamentarischen Rollenspiel bewirkt.

Die Demokratie verlangt viel von ihren Bürgern. Demokratie und Freiheit sind aufs engste verbunden mit den Einstellungen und Verhaltensweisen aller Bürger. Es gibt keine Demokratie ohne Demokraten. Unsere Jugend muß an die Demokratie glauben und bereit sein, in unserem Staat Verantwortung zu übernehmen.

Der Landtag will mit diesem Volkshandbuch den Bürgern seine Arbeit verständlich und darüber hinaus deutlich machen, daß die Abgeordneten als Vertreter des ganzen Volkes ihren Auftrag erfüllen.

Es ist deshalb mein Wunsch, daß dieses Handbuch den Anstoß gibt für eine intensive Beschäftigung mit den Fragen der parlamentarischen Demokratie.

Fritz Hopmeier

Dr. Fritz Hopmeier
Präsident des Landtags von Baden-Württemberg

WAHL UND ARBEITSWEISE DES LANDTAGS

Am 25. April 1992 ist das Land Baden-Württemberg 40 Jahre alt geworden. Mit einem Festakt im Württembergischen Staatstheater haben Landtag und Landesregierung an diesem Tag an die Gründung des Landes vor 40 Jahren erinnert. Kurz zuvor, am 5. April 1992, hat die Bevölkerung von Baden-Württemberg zum elften Mal seit Gründung des Landes ihr Landesparlament gewählt.

Als die Bundesrepublik Deutschland im Jahre 1949 gebildet wurde, bestanden im heutigen Landesgebiet die drei Länder Baden, Württemberg-Baden und Württemberg-Hohenzollern. Die drei Länder waren im Jahre 1945 von der Besatzungsmacht auf dem Gebiet der früheren Länder Baden und Württemberg unter Einbeziehung des ehemals preußischen Regierungsbezirks Sigmaringen gebildet worden. Aufgrund einer Volksabstimmung, die vom Bundesgesetzgeber gemäß Artikel 118 GG angeordnet worden war, wurden die drei nach dem Krieg entstandenen Länder im Jahre 1952 zum neuen Bundesland Baden-Württemberg vereinigt. Die Volksabstimmung fand am 9. Dezember 1951 statt, eine Verfassunggebende Landesversammlung für Baden-Württemberg wurde am 9. März 1952 gewählt, und mit der Bildung einer vorläufigen Regierung ist das Land Baden-Württemberg am 25. April 1952 ins Leben getreten. Die Verfassunggebende Landesversammlung hat nach Erfüllung ihres Auftrags – die Verfassung des Landes Baden-Württemberg ist dort im November 1953 verabschiedet worden, sie ist am 19. November 1953 in Kraft getreten – bis zum Jahre 1956 als erster Landtag des Landes Baden-Württemberg weiter amtiert.

Die Wahlperiode des 11. Landtags hat am 1. Juni 1992 begonnen und dauert vier Jahre, also bis zum 31. Mai 1996.

Die Wahl des Landtags

Bei der Wahl am 5. April 1992 haben die Parteien folgende Stimmenanteile erreicht: CDU 39,6 %, SPD 29,4 %, Republikaner 10,9 %, die Grünen 9,5 %, FDP/DVP 5,9 %. Entsprechend diesem Stimmenergebnis entfallen im 11. Landtag auf die CDU 64 Sitze, auf die SPD 46 Sitze, auf die Republikaner 15 Sitze, auf die Grünen 13 Sitze und auf die FDP/DVP 8 Sitze. Die Wahlbeteiligung lag mit 70,1 % geringfügig unter derjenigen der letzten Landtagswahl.

Wahlberechtigt und wählbar sind bei Landtagswahlen alle Deutschen, die am Wahltag das 18. Lebensjahr vollendet haben und seit drei Monaten in Baden-Württemberg ihre Wohnung (bei mehreren Wohnungen ihre Hauptwohnung) oder sonst einen gewöhnlichen Aufenthalt haben.

Das Wahlsystem ist eine Verbindung von Verhältniswahl und Persönlichkeitswahl: Das Sitzverhältnis der Parteien im Landtag richtet sich nach dem Stimmenverhältnis der Parteien im Land (Verhältniswahl), die Zuteilung dieser Parlamentssitze an die einzelnen Bewerber richtet sich nach den Stimmen, die diese Bewerber in ihrem jeweiligen Wahlkreis errungen haben (Persönlichkeitswahl). Es gibt nur Wahlkreisbewerber, d. h. jeder Kandidat muß sich in einem der 70 Wahlkreise des Landes zur Wahl stellen. Der Wähler hat bei diesem Wahlsystem – anders als bei der Bundestagswahl – nicht zwei Stimmen, sondern nur eine Stimme, die er für einen Kandidaten in seinem Wahlkreis abgibt; diese eine Stimme wird jedoch zweimal gewertet, einmal bei der Ermittlung, wie viele Sitze einer Partei im Landtag zustehen, zum zweiten bei der Feststellung, welche Bewerber dieser Partei einen Parlamentssitz erhalten.

Genauer gesehen stellt sich dieses Wahlsystem wie folgt dar:

1. 120 Abgeordnetensitze, das ist die Mindestzahl der Mitglieder des Landtags, werden auf die Parteien im Verhältnis ihrer Gesamtstimmenzahl im Land verteilt. Für jede Partei werden dazu alle Stimmen zusammengezählt, die auf ihre Wahlkreisbewerber im ganzen Land entfallen sind. Auf diese Weise wurde bei der Landtagswahl 1992 entsprechend dem Stimmenverhältnis der Parteien zunächst folgende Sitzverteilung im Landtag ermittelt: CDU 50, SPD 37, Republikaner 14, Grüne 12, FDP/DVP 7 Sitze. Dies ist also das Ergebnis des Verhältniswahl-Grundsatzes.

   Es werden bei dieser Zuteilung von Parlamentssitzen nach dem Verhältniswahlprinzip nur solche Parteien berücksichtigt, die auf Landesebene mindestens 5 v. H. der Stimmen erreicht haben (5 Prozent-Klausel).

2. Zweitens muß ermittelt werden, welchen Kandidaten die Sitze zufallen, die einer Partei nach dem Verhältniswahlgrundsatz zustehen. Es kommen zunächst einmal alle diejenigen Bewerber der Partei zum Zuge, die einen Wahlkreis gewonnen haben, die also unter den Bewerbern ihres Wahlkreises die meisten Stimmen erreicht haben – sogenannte Direktmandate. Entscheidend ist hier die relative Mehrheit. Die übrigen Sitze, die der betreffenden Partei nach dem Verhältniswahlgrundsatz zustehen, gehen an diejenigen Wahlkreisbewerber dieser Partei, die zwar in ihrem eigenen Wahlkreis nicht die erste Position erreicht und deshalb nicht das Direktmandat errungen haben, die aber im Verhältnis zu den übrigen Wahlkreisbewerbern der eigenen Partei im betreffenden Regierungsbezirk noch die höchsten Stimmenzahlen erreicht haben. Bei dieser zweiten Zuteilungsrunde kommen also die Wahlkreisbewerber zum Zuge, die im Wahlkreis nicht die relative Mehrheit erreicht haben, aber im Verhältnis zu anderen Wahlkreisbewerbern derselben Partei am besten abgeschnitten haben. Man spricht hier von

„Zweitmandaten". Die CDU hat alle ihre Mandate im 11. Landtag als Direktmandate erworben. Die SPD hat 6 Direktmandate, ihre übrigen Mandate sind Zweitmandate. Die drei kleinen Fraktionen haben ausschließlich Zweitmandate.

Die Gesamtzahl der Direktmandate beträgt auf Landesebene entsprechend der Zahl der Wahlkreise 70; mindestens 50 weitere Mandate werden als Zweitmandate vergeben an Bewerber, die in ihrem Wahlkreis nicht das Direktmandat errungen haben. Das ergibt die obengenannte Mindeststärke des Landtags von 120 Abgeordneten.

Bei der Landtagswahl vom 5. April 1992 ergab sich nun die Besonderheit, daß die CDU mehr Wahlkreise gewonnen und damit mehr Direktmandate erworben hat, als ihr nach dem Verhältniswahlgrundsatz zustanden. Mit einem Stimmenanteil von knapp 40 % hatte die CDU insgesamt 64 der 70 Landtags-Wahlkreise gewonnen, dies waren mehr als die Hälfte der 120 Sitze des Landtags oder, anders ausgedrückt, 14 Mandate mehr, als dem Gesamtstimmenanteil der CDU entsprach. Es handelt sich bei diesen 14 Mandaten um sogenannte „Überhangmandate", die durch eine entsprechende Anzahl von Zusatzmandaten an die anderen Parteien wieder aufgewogen (ausgeglichen) werden müssen, damit der exakte Proporz unter den Parteien im Landtag wiederhergestellt wird. So sind für die 14 „Überhangmandate" der CDU den anderen Parteien insgesamt 12 „Ausgleichsmandate" zugefallen, 9 dieser Ausgleichsmandate gingen an die SPD, je eines an die Republikaner, an die Grünen und an die FDP/DVP. Durch diese 14 Überhangmandate und 12 Ausgleichsmandate erklärt sich die Ausweitung des Landtags um 26 Mitglieder auf die Gesamtzahl von 146.

Genau besehen ist das Wahlsystem noch ein wenig komplizierter: Das ganze Land ist bei der Wahl in die vier Regierungsbezirke untergegliedert. Dadurch wird eine ausgewogene regionale Verteilung der Mandate über das ganze Land hinweg gewährleistet.

Die „Zweitmandate", die eine Partei zu beanspruchen hat, werden auf die vier Regierungsbezirke nach dem Verhältnis des Stimmengewichts, das die Partei in den einzelnen Regierungsbezirken erreicht hat, umgerechnet. Auch die Ausgleichsmandate werden getrennt nach Regierungsbezirken errechnet. Zur Veranschaulichung: Es ist bei der letzten Landtagswahl z. B. für die Grünen anhand der Stimmenergebnisse dieser Partei in den vier Regierungsbezirken errechnet worden, daß von den 12 Mandaten der Grünen 5 auf den Regierungsbezirk Stuttgart, 3 auf den Regierungsbezirk Karlsruhe, 2 auf den Regierungsbezirk Freiburg und 2 auf den Regierungsbezirk Tübingen entfallen, ein Ausgleichsmandat kam im Regierungsbezirk Stuttgart hinzu.

Die Parteien können in jedem Wahlkreis neben dem Bewerber einen Ersatzbewerber aufstellen, der in den Landtag nachrückt, wenn der Bewerber – nennen wir ihn Hauptbewerber – vorzeitig ausscheidet oder wenn er von vornherein die Annahme des Mandats ablehnt, was bei der Landtagswahl 1992 in einem Fall bei den Republikanern vorgekommen ist. Da auch der Ersatzbewerber das Mandat nicht annehmen wollte, kam der Bewerber dieser Partei mit der nächsthöheren Stimmenzahl in dem betreffenden Regierungsbezirk in den Landtag.

Soweit die Grundzüge des Wahlsystems. Die Landtagswahl ist in Baden-Württemberg – um dies nochmals hervorzuheben – durchgehend Persönlichkeitswahl, weil niemand in den Landtag gelangt, der sich nicht in einem Wahlkreis bewirbt und dort nicht eine entsprechend hohe Stimmenzahl erreicht hat, um damit ein Direktmandat oder aber ein Zweitmandat zu erreichen. Darin liegt ein wesentlicher Unterschied gegenüber der Bundestagswahl. Dort wird nur die Hälfte der Abgeordneten durch Persönlichkeitswahl gewählt, die andere Hälfte gelangt durch Listenwahl, nämlich über die Landeslisten in den Bundestag.

Das baden-württembergische Wahlsystem hat weiter zur Folge, daß nicht wenige Wahlkreise – es sind in der Regel die bevölkerungsstärkeren Wahlkreise – mehrere Abgeordnete in den Landtag schicken, und zwar bis zu maximal fünf Abgeordnete – letzteres ist der Fall bei den Wahlkreisen Leonberg und Enz, wo die CDU jeweils das Direktmandat hat und alle vier anderen Landtagsparteien jeweils ein Zweitmandat erworben haben (Näheres kann der Wahlkreisübersicht entnommen werden, siehe S. 102 ff).

Die Bürger haben nicht nur den Landtag zu bestellen, sie können ihn auch durch Volksabstimmung vorzeitig auflösen. Eine solche Volksabstimmung findet statt, wenn sie in einem Volksbegehren von einem Sechstel der Wahlberechtigten verlangt wird.

Präsident, Präsidium, Schriftführer

Unter den Vertretungs- und Leitungsorganen des Landtags sind zu unterscheiden:
Der *Präsident* vertritt den Landtag nach außen, auch im Verhältnis zu anderen Staatsorganen und Behörden. Er sorgt für die geschäftsordnungsmäßige Behandlung aller Vorlagen, Initiativen und Eingaben, er wirkt auf eine sachgerechte Gestaltung der Parlamentsarbeit hin, er führt – gegebenenfalls im Zusammenwirken mit dem Präsidium – die Parlamentsgeschäfte. Der Präsident tritt dafür ein, daß die Rechte des Landtags durch die übrigen Gewalten gewahrt werden. In den Räumen des Landtags übt er das Hausrecht und die Polizeigewalt aus. Zur Wahrung der Entscheidungsfreiheit des Parlaments bedürfen öf-

fentliche Versammlungen unter freiem Himmel und Aufzüge innerhalb eines gesetzlich festgelegten Umkreises des Landtagsgebäudes – der „Bannmeile" – einer Ausnahmeerlaubnis, die vom Innenministerium nur im Einvernehmen mit dem Landtagspräsidenten erteilt werden kann. Dem Präsidenten untersteht schließlich die Landtagsverwaltung, er verwaltet die Haushaltsmittel des Landtags und ist oberste Dienstbehörde der Landtagsbediensteten. Das Vorschlagsrecht für die Wahl des Präsidenten steht herkömmlich der größten Fraktion zu.

Der Präsident wird von den beiden Vizepräsidenten vertreten, und zwar in der bei der Wahl festgelegten Reihenfolge (vgl. S. 85).

Das *Präsidium* ist das Steuerungsgremium für den Ablauf der Parlamentsarbeit. Ihm gehören neben dem Präsidenten und seinen Stellvertretern auch die Spitzen der Fraktionen an (Zusammensetzung vgl. S. 86). Im Präsidium wird der Ablauf der Plenarsitzungen abgesprochen, ihm obliegt die Aufstellung des Arbeits- und Terminplans des Landtags, dieses Gremium berät ferner über Angelegenheiten, die für die Stellung des Parlaments und für seine Arbeit von grundsätzlicher Bedeutung sind. In den parlamentarischen Angelegenheiten entscheidet das Präsidium in der Regel einvernehmlich, nicht durch Mehrheitsbeschluß. Des weiteren unterstützt das Präsidium den Präsidenten bei den Aufgaben der Parlamentsverwaltung. Das Präsidium stellt auch den Entwurf des Haushaltsplans für den Bereich des Parlaments auf. Für die Ernennung und Entlassung der Beamten des Landtags bedarf der Präsident des Einvernehmens des Präsidiums.

Von diesem Leitungsgremium ist der *Sitzungsvorstand* in den Plenarsitzungen des Landtags zu unterscheiden, der sich zusammensetzt aus dem jeweils amtierenden Präsidenten und zwei *Schriftführern*. Der Landtag hat zu diesem Zweck 15 Abgeordnete als Schriftführer gewählt (vgl. S. 85).

Fraktionen

Die Fraktionen sind die politischen Gliederungen des Parlaments, in denen die Abgeordneten derselben Partei zusammengeschlossen sind. In den Fraktionen formiert sich die politische Haltung der Abgeordneten einer Partei zu den im Plenum und in den Ausschüssen anstehenden Entscheidungen und Debatten, aus den Fraktionen geht ein großer Teil der politischen Initiativen für die Parlamentsarbeit hervor.

Auch in organisatorischer Hinsicht sind die Parlamentsfraktionen wichtige Einheiten, ohne die das Parlament nicht arbeitsfähig wäre. Die Planung und Steuerung der Parlamentsarbeit beruht weithin auf Absprachen unter den Parlamentsfraktionen. Auch der Ablauf der Debatten im Plenum ist in weitgehendem Maße nach Fraktionen geordnet, z. B. wenn das Wort dem Redner dort für eine Fraktion oder im Rahmen des Redezeitkontingents seiner Fraktion erteilt wird. Äußerlich wird die Gliederung in Fraktionen in der Sitzordnung des Plenums sichtbar (vgl. S. 31; dabei ist die Einordnung der Fraktionen in „rechts" und „links" traditionell vom Präsidium her gesehen). Die Fraktionen haben das Vorschlagsrecht oder Benennungsrecht bei einer Vielzahl von Personalentscheidungen wie z. B. für die Besetzung der Landtagsausschüsse, für den Vorsitz in den Ausschüssen, für die Wahl des Präsidenten und der Vizepräsidenten und anderes mehr. Sie sind selbständig initiativberechtigt, d. h. sie können Gesetzentwürfe und andere Anträge einbringen, die vom Fraktionsvorsitzenden namens der Fraktion unterzeichnet sind.

Für die verschiedenen Sachgebiete der Landespolitik haben die Fraktionen Arbeitskreise gebildet, die vor allem Initiativen der Fraktionen vorbereiten und die Beratungen der Ausschüsse begleiten. Die Fraktionen verfügen über einen Stab von Mitarbeitern und Beratern. Im Haushalt des Landtags stehen den Fraktionen zu diesem Zweck 39 Beamtenstellen des höheren Dienstes für Parlamentarische Berater zur Verfügung, von denen 12 der CDU, 9 der SPD, jeweils 6 den Republikanern und den Grünen, 5 1/2 der FDP/DVP zugewiesen sind. Daneben erhalten die Fraktionen aus dem Landeshaushalt finanzielle Zuschüsse von knapp 7 Mio. DM, bei deren Aufteilung die Oppositionsfraktionen bevorzugt berücksichtigt werden. Des weiteren leisten die Abgeordneten Beiträge an ihre Fraktion.

Die Zusammensetzung der fünf Fraktionen des gegenwärtigen Landtags und ihrer jeweiligen Vorstände ist auf Seite 86 dargestellt.

Die Opposition

In der parlamentarischen Demokratie nimmt die Opposition, obwohl die Verfassung sie gar nicht erwähnt, eine wichtige Funktion wahr, normalerweise ist unsere parlamentarische Demokratie ohne Opposition nicht denkbar. Die Opposition hat einen wichtigen Anteil an der Kontrolle der Regierung. Die Handlungsmöglichkeiten der Opposition sind durch eine Reihe von Minderheitenrechten in Verfassung, Parlamentsgeschäftsordnung und parlamentsrechtlichen Gesetzen abgesichert.

Bei einer „großen Koalition", wie sie zu Beginn der 11. Wahlperiode zwischen CDU und SPD gebildet worden ist, steht einem sehr starken Regierungsblock eine geringe Zahl von Oppositionsabgeordneten gegenüber. Diese Opposition (sie umfaßt 36 der insgesamt 146 Mitglieder des Landtags) erfüllt nicht einmal das Quorum von einem Viertel der Abgeordneten, das für eine Reihe von Minderheitenrechten festgelegt ist. Um die kleinen Fraktionen gleichwohl in die Lage zu versetzen, ihre Rolle als Opposition wirkungsvoll wahrzunehmen, ist die Geschäftsordnung des Landtags zu Beginn der 11. Wahlperiode geändert worden. Die Oppositionsrechte wie Einsetzung von Untersuchungsausschüssen und Enquête-Kommissionen, die Durchsetzung von Sondersitzungen des Landtags, die Einbringung eines Mißtrauensantrags gegen den Ministerpräsidenten oder einen Minister können jetzt auch von zwei kleinen Fraktionen gemeinsam ausgeübt werden, selbst wenn diese dabei das Quorum von einem Viertel des Landtags nicht erfüllen.

Im übrigen versucht die Geschäftsordnung, auch in bezug auf den Debattenablauf im Plenum, die Opposition in angemessener Weise zur Geltung zu bringen. Auf Debattenbeiträge des Ministerpräsidenten hat die Opposition ein unmittelbares Entgegnungsrecht, desgleichen kommt auch bei Regierungserklärungen des Ministerpräsidenten, wenn sich die Aussprache hierüber in derselben Landtagssitzung sofort anschließt, als erstes die Opposition zu Wort. Bei der Aufstellung der Plenartagesordnungen haben die Oppositionsfraktionen in gleicher Weise wie die Mehrheitsfraktionen Anspruch darauf, bevorzugte Plätze an vorderer Stelle der Tagesordnung zu belegen, wofür in der Geschäftsordnung ein rollierendes System unter den Fraktionen festgelegt ist.

Die finanzielle und personelle Ausstattung der Fraktionen, durch die den kleinen Fraktionen und insbesondere der Opposition eine Grundausstattung zugute kommt, wurde bereits erwähnt.

Sitzungen des Plenums

Die Beschlüsse des Landtags werden vom Plenum, der Vollversammlung des Parlaments, in öffentlicher Sitzung gefaßt. Das Plenum ist zugleich das Forum für die öffentliche politische Debatte, für wichtige politische Aussagen der Fraktionen und der Regierung. Das Publikum hat im Rahmen der zur Verfügung stehenden Plätze im Zuhörerraum Zutritt. Auf der Pressetribüne haben die Parlamentsjournalisten ihre festen Plätze. Rundfunk und Fernsehen können unmittelbar aus dem Plenarsaal übertragen. Über die Plenarsitzungen wird von den Landtagsstenografen ein Wortprotokoll aufgenommen, das der Allgemeinheit – ebenso wie die Beratungsvorlagen des Plenums (Drucksachen) – zugänglich ist.

In der Regel finden in einem Turnus von vier Wochen jeweils zwei ganztägige Plenarsitzungen statt. In den vier Jahren der 10. Wahlperiode waren es 86 Plenarsitzungen. Es wäre allerdings verfehlt, den Umfang der Parlamentsarbeit allein nach der Zahl der öffentlichen Plenarsitzungen zu beurteilen. Die Beschlüsse des Plenums werden auf unterschiedlichen Ebenen intensiv vorbereitet, insbesondere in den Landtagsausschüssen und in den Beratungsgremien der Fraktionen. So geht jeder Entscheidung des Plenums in der Regel eine Vielzahl von Vorberatungen in anderen Gremien voraus.

Die Plenarsitzung wird vom Präsidenten oder einem Vizepräsidenten im Wechsel geleitet. Ihm sitzen zwei Abgeordnete als Schriftführer zur Seite, die den amtierenden Präsidenten bei der Verhandlungsleitung und bei der Durchführung der Abstimmungen unterstützen. Der amtierende Präsident erteilt das Wort, wobei nicht allein die Reihenfolge der Wortmeldungen ausschlaggebend ist, sondern auch das Bestreben, die gegensätzlichen politischen Standpunkte in der Debatte einander gegenübertreten zu lassen. Mitglieder der Regierung und ihre Beauftragten (z. B. politische Staatssekretäre) müssen auf ihr Verlangen zu jeder Zeit das Wort erhalten, auch außerhalb der Rednerliste und außerhalb der Tagesordnung. Im Interesse einer lebendigen politischen Debatte steht den Vorsitzenden der Oppositionsfraktionen ein unmittelbares Entgegnungsrecht zu, wenn der Ministerpräsident in einer Aussprache das Wort ergreift.

Die Tagesordnungen der Plenarsitzungen werden vom Präsidium festgestellt. Die vom Präsidium festgelegte Tagesordnung kann jedoch vom Landtag selbst auf Vorschlag einer Fraktion oder des Präsidenten abgeändert werden. Dasselbe gilt für die vom Präsidium festgelegten Redezeiten. Grundsätzlich haben die Fraktionen eine gleiche Grundredezeit, jedoch werden auf Verlangen einer Fraktion Redezeitzuschläge festgelegt, die sich nach der Fraktionsstärke richten.

Die Ausschüsse

Die Parlamentsausschüsse haben die Aufgabe, die Beschlüsse des Plenums vorzubereiten. Sie sind der Ort für eine gründliche und detaillierte Beratung unter den Experten der Fraktionen. Im Interesse der Effektivität der Ausschußarbeit führen die Landtagsausschüsse ihre Beratungen in nichtöffentlicher Sitzung durch. Zu ihrer Information können die Ausschüsse öffentliche oder nichtöffentliche Anhörungen zu einem ihnen überwiesenen Beratungsgegenstand durchführen, in welchen Sachverständige, Vertreter der interessierten Kreise oder Sprecher der von einer Vorlage Betroffenen zu Wort kommen. Dieses in den Vereinigten Staaten gebräuchliche Mittel des öffentlichen Hearings hat sich in der deutschen Parlamentspraxis immer mehr eingebürgert. In der letzten Wahlperiode haben die Ausschüsse des Landtags 25 Anhörungen durchgeführt.

Erstmals ist für die jetzige Wahlperiode den Ausschüssen nun das Recht gegeben worden, durch Mehrheitsbeschluß auch sonst öffentlich zu tagen. Es bleibt abzuwarten, wie sich die praktische Anwendung dieser neuen Klausel gestalten wird. Vorstellungen aus der Opposition, vom Grundsatz der Nichtöffentlichkeit der Ausschüsse noch weiter abzugehen, sind von der Landtagsmehrheit abgelehnt worden. Es gibt Landesparlamente, deren Ausschüsse generell öffentlich beraten. Die Geschäftsordnung des baden-württembergischen Landtags gibt allerdings auch gewisse Möglichkeiten, bestimmte Debatten vom Plenum in eine öffentliche

Ausschußsitzung zu verlagern (z.B. Besprechung Großer Anfragen, Beratung von Fraktionsanträgen).

Die Landtagsausschüsse befassen sich nur mit Angelegenheiten, die ihnen – in der Regel vom Plenum – im Einzelfall überwiesen worden sind. Sie besitzen also keinen originären Zuständigkeitsbereich, in welchem sie selbständig Initiativen entfalten und von sich aus Fragen aufgreifen könnten. Die Ausschüsse handeln auch nicht nach außen, sondern sie sind Organe der Entscheidungsvorbereitung für das Plenum. Eine Ausnahme bilden z.B. bestimmte gesetzlich festgelegte Mitwirkungsrechte des zuständigen Ausschusses beim Haushaltsvollzug. Es gibt daneben Ausschüsse, die unter bestimmten Voraussetzungen an die Stelle des Gesamtlandtags treten können: der Ständige Ausschuß, der als „Zwischenparlament" nach Ablauf der Wahlperiode oder nach einer vorzeitigen Landtagsauflösung bis zum Zusammentritt des neuen Landtags die Rechte des Parlaments gegenüber der Regierung wahrt (während der Wahlperiode hat der Ständige Ausschuß die Aufgaben eines Fachausschusses für Verfassungs- und Rechtsfragen); ferner das für den Notstandsfall (Art. 62 der Verfassung) gebildete, aus 17 Abgeordneten bestehende Notparlament. Ein Landtagsausschuß mit verselbständigten Aufgaben ist auch das Gremium nach Artikel 10 Grundgesetz, dem die parlamentarische Kontrolle der Regierung bei Maßnahmen der Post- und Telefonüberwachung nach dem Gesetz zu Artikel 10 GG obliegt.

Der Landtag hat elf ständige Fachausschüsse gebildet sowie den Petitionsausschuß. Dabei wurde von dem Grundsatz ausgegangen, daß jedem Fachministerium im Landtag ein Ausschuß gegenübersteht, der auch Gesprächspartner und „Kontrolleur" des betreffenden Ministeriums ist. Neu sind in dieser Wahlperiode der Verkehrsausschuß und der Frauenausschuß (Ausschuß für Familie, Frauen, Weiterbildung und Kunst) gebildet worden. Die Erhöhung der Zahl der Ausschüsse auf elf hat eine Änderung im Sitzungsplan des Landtags notwendig gemacht. Während bisher sämtliche Ausschüsse in der „Ausschußwoche" ihre Sitzungen hatten, sind die Sitzungen der 12 Ausschüsse jetzt auf zwei aufeinanderfolgende Wochen verteilt, die den Fraktionssitzungen, Ausschußsitzungen und den Sitzungen der den Ausschüssen zugeordneten Fraktionsarbeitskreise vorbehalten sind.

Die Ausschüsse haben 15 Mitglieder, mit Ausnahme des Petitionsausschusses, der aus 26 Mitgliedern besteht.

In den Ausschüssen sind jeweils alle fünf Fraktionen vertreten, und zwar entsprechend ihrer Stärke im Landtag, so daß sich die Mehrheitsverhältnisse des Plenums auf der Ausschußebene widerspiegeln. So ist gewährleistet, daß alle Fraktionen bereits in den vorbereitenden Beratungen der Ausschüsse zur Geltung kommen und daß die Ausschußempfehlungen in der Regel im Plenum des Landtags bestätigt werden. Für diese proportionale Aufteilung der Ausschußsitze auf die

Fraktionen gibt es unterschiedliche Berechnungsverfahren. Am bekanntesten ist das von dem Belgier d'Hondt entwickelte Höchstzahlverfahren, das auch in der Geschäftsordnung des Landtags als das Regelverfahren verankert ist (§ 17a). Danach werden zunächst die Mitgliederzahlen der einzelnen Fraktionen nacheinander durch die Zahlen 1, 2, 3 usf. geteilt. Die zu vergebenden Ausschußsitze werden sodann an die einzelnen Fraktionen in der Reihenfolge der auf sie entfallenden höchsten Quotienten („Höchstzahlen") zugeteilt. Dies ergibt bei den 15er Ausschüssen folgende Zusammensetzung: CDU 7, SPD 5, Republikaner 1, Grüne 1, FDP/DVP 1 Sitze. Den 15. Sitz hätten bei diesem Verfahren CDU und FDP/DVP mit der gleichen Höchstzahl (nämlich mit der Höchstzahl 8) zu beanspruchen. Er ist der FDP/DVP überlassen worden, so daß die drei Oppositionsfraktionen mit jeweils einem Vertreter in den Ausschüssen beteiligt sind. Damit ist das Verhältnis von Koalititionsabgeordneten zu Oppositionsabgeordneten in den Landtagsausschüssen 12 : 3. Um trotz dieses Übergewichts der Regierungskoalition den drei Fraktionen der Opposition ausreichende Arbeitsbedingungen in den Ausschüssen zu bieten, ist unter den Fraktionen vereinbart worden, daß die Fraktionen je Ausschußmitglied drei Stellvertreter benennen können, damit auch die kleinen Fraktionen für jeden Ausschuß mehrere Experten zur Verfügung haben.

Das Berechnungsverfahren Hare, benannt nach dem englischen Juristen Thomas Hare, das beim Deutschen Bundestag zur Anwendung kommt, führt bei einem Ausschuß mit 15 Mitgliedern übrigens zum gleichen Besetzungsschlüssel. Dieses Verfahren einer strengeren mathematischen Proportion kann unter bestimmten Voraussetzungen, namentlich bei kleineren Ausschüssen, für kleinere Fraktionen vorteilhaft sein.

Petitionsausschuß

Jedermann hat das verfassungsmäßig gewährleistete Recht, sich einzeln oder in Gemeinschaft mit anderen schriftlich mit Bitten oder Beschwerden (Petitionen) an den Landtag zu wenden, und zwar ohne Rücksicht auf Wohnsitz, Staatsangehörigkeit, Volljährigkeit usw. Auch Strafgefangenen sowie Personen, die zwangsweise in Anstalten (z.B. psychiatrisches Krankenhaus) untergebracht sind, steht das Petitionsrecht zu. Ihre Petitionen sind dem Landtag nach einer Anweisung ungeöffnet zuzuleiten. Der Landtag ist zur Behandlung der Petition zuständig, soweit das Begehren oder die Beschwerde den Aufgabenbereich des Landes berühren. Dies ist z.B. der Fall, wenn der Petent sich gegen Entscheidungen einer Behörde des Landes oder einer unter seiner Aufsicht stehenden Einrichtung wendet. Über jede Petition entscheidet das Landtagsplenum. Zur Vorbereitung seiner Entscheidungen in Petitionsangelegenheiten hat der Landtag den Petitionsausschuß gebildet, der auch in der Landesverfassung rechtlich verankert ist (Art. 35a). Ausnahmsweise können Petitionen auch an einen anderen Ausschuß überwiesen werden, beispielsweise im Zusammenhang mit anhängigen Gesetzesberatungen. Der Petitionsausschuß ergreift die zur Aufklärung des Sachverhalts erforderlichen Maßnahmen. Er besitzt dafür besondere gesetzliche Aufklärungsbefugnisse wie das Recht auf Aktenvorlage, Auskunft und Zutritt zu den Einrichtungen des Landes. Das Auskunfts- und Zutrittsrecht besitzt er unmittelbar auch gegenüber den nachgeordneten Behörden, während die Anforderung von Akten über das zuständige Ministerium erfolgt. Der Petitionsausschuß holt zu jeder Petition eine schriftliche Stellungnahme der Regierung ein, und er bittet erforderlichenfalls Vertreter der Regierung und der Behörden zu seinen Sitzungen. Er kann ferner Ortsbesichtigungen vornehmen und in besonderen Fällen den Petenten mündlich anhören.

Der Petitionsausschuß schließt die Bearbeitung der Petition mit einem Antrag ab (zum Inhalt vgl. § 68 Abs. 2 GeschO), über den das Plenum beschließt. Durch ein besonderes Verfahren ist sichergestellt, daß die Regierung die Ausführung von Beschlüssen, in denen der Landtag Petitionen zur Berücksichtigung überweist, nicht ablehnt, wenn sie nicht zuvor im Ausschuß einem dahin gehenden Antrag widersprochen hat. Im übrigen wacht der Petitionsausschuß bei solchen Beschlüssen und anderen Ersuchen an die Regierung über ihre Erledigung.

Die Inanspruchnahme des Petitionsausschusses ist erheblich. Immer mehr Bürger des Landes machen von ihrem Petitionsrecht Gebrauch. Rund 10 000 Petitionen sind in der Wahlperiode 1988–1992 vom Petitionsausschuß bearbeitet worden. Ein Viertel der Petitionen war ganz oder teilweise erfolgreich. Dabei ist zu berücksichtigen, daß schon während des Petitionsverfahrens zahlreiche Eingaben Erfolg haben, weil die Regierung aufgrund der vom Petitionsausschuß veranlaßten Überprüfung von sich aus Abhilfe schafft. Insgesamt gesehen erfüllt der Petitionsausschuß eine wichtige Mittlerfunktion zwischen Bürger und Staat.

Untersuchungsausschüsse und Enquête-Kommissionen

Zur Untersuchung einzelner Sachverhalte kann der Landtag von Fall zu Fall Untersuchungsausschüsse einsetzen, die mit besonderen Aufklärungsbefugnissen ausgestattet sind. Solche Ausschüsse können unmittelbar auch bei den unteren Behörden Akten anfordern und Auskünfte einholen, sie haben Zutritt zu allen Einrichtungen des Landes und der unter seiner Aufsicht stehenden Verwaltungsträger, sie können beim Gericht Beschlagnahme- und Durchsuchungsanordnungen erwirken. Zeugen und Sachverständige sind gesetzlich zum Erscheinen vor Untersuchungsausschüssen verpflichtet. Eine Falschaussage vor dem Untersuchungsausschuß (und zwar auch die uneidliche Aussage) ist ebenso strafbar wie falsche Aussagen vor Gericht. Besondere Schutzvorschriften bestehen für den von der Untersuchung Betroffenen, etwa in Gestalt erweiterter Aussageverweigerungsrechte und bestimmter Beteiligungsrechte im Untersuchungsverfahren.

Während die Regierung sonst zu allen Ausschußsitzungen unbeschränkt Zutritt hat, können die Regierungsmitglieder und -beauftragten von der Teilnahme an Sitzungen der Untersuchungsausschüsse bei der Beweisaufnahme unter bestimmten Voraussetzungen ausgeschlossen werden, z. B. wenn dies durch überwiegende Interessen eines Zeugen oder zur Erlangung einer wahrheitsgemäßen Aussage geboten ist. Ferner ist ihr Zutritt zu Beratungssitzungen gesetzlich eingeschränkt.

Das parlamentarische Untersuchungsrecht ist in starkem Maß als Waffe der Parlamentsminderheit ausgestaltet. Eine Minderheit im Landtag (nämlich ein Viertel der Mitglieder oder aber zwei Fraktionen) kann die Einsetzung eines Untersuchungsausschusses erzwingen, wobei die Minderheit auch über die Festlegung des Untersuchungsthemas allein bestimmt. Der Landtag ist verpflichtet, den von der Minderheit beantragten Ausschuß einzusetzen. Die von den Unterzeichnern eines solchen Minderheitsantrags beantragten Beweise müssen vom Ausschuß erhoben werden. Der Minderheitsschutz setzt sich innerhalb des Untersuchungsausschusses fort: Der Untersuchungsausschuß ist grundsätzlich zur Erhebung von Beweisen verpflichtet, die von der Minderheit im Ausschuß beantragt werden. Solche Beweisanträge können nur in engen Grenzen, nämlich entsprechend den Regelungen über die Zurückweisung von Beweisanträgen im Strafprozeß, abgelehnt werden. Die Minderheit im Ausschuß kann auch die Einberufung einer Sitzung des Untersuchungsausschusses verlangen. Bei der Berichterstattung an das Plenum kann die Minderheit, ja jedes Ausschußmitglied, dem Bericht des Untersuchungsausschusses einen abweichenden Bericht anschließen.

Das Verfahren der Untersuchungsausschüsse ist in einem besonderen Gesetz geregelt, das zur Ausführung des Artikel 35 der Verfassung ergangen ist. Das gesamte Recht der Untersuchungsausschüsse ist in Baden-Württemberg Anfang des Jahres 1976 reformiert worden mit dem Bestreben, die Erfordernisse einer möglichst wirkungsvollen Arbeit von Untersuchungsausschüssen zu verbinden mit den Belangen eines rechtsstaatlichen Verfahrens, das insbesondere mit Rücksicht auf die berechtigten Interessen der Betroffenen und Zeugen geboten ist.

In der vergangenen Legislaturperiode hat der Landtag vier Untersuchungsausschüsse eingesetzt: Den Untersuchungsausschuß „Menschenwürde und Selbstbestimmung im Alter", der sich mit den Lebensbedingungen alter Menschen befaßt hat, einen Untersuchungsausschuß über „Gefahren durch Dioxine in Baden-Württemberg", einen Untersuchungsausschuß über „Verluste durch das Projekt Privatuniversität Mannheim" und einen Untersuchungsausschuß „Unabhängigkeit von Regierungsmitgliedern und Strafverfolgungsbehörden", der u. a. die Finanzierung von Reisen der Regierungsmitglieder und Vorwürfe in bezug auf die Abwicklung bestimmter Strafverfahren zum Gegenstand hatte. In früheren Jahren haben sich Untersuchungsausschüsse u. a. mit folgenden Themen befaßt: Situation der psychiatrischen Landeskrankenhäuser (1987); Fragen der „indirekten Parteienfinanzierung" (1985), Besetzung für Schulleiterstellen (1979); Selbsttötung von Terroristen in der Strafvollzugsanstalt Stuttgart-Stammheim (1977), Standortfestlegung einer Deponie für Sonderabfälle (1976).

Neu hat der Landtag im Jahre 1992 das Instrument der Enquête-Kommission in seine Geschäftsordnung aufgenommen, das es beim Bundestag und einigen Landesparlamenten schon länger gibt. Den Enquête-Kommissionen gehören – im Unterschied zu Untersuchungsausschüssen – auch Nichtparlamentarier an, also vor allem Sachverständige. Dementsprechend unterscheiden sich die beiden Formen auch in ihrem Zweck: Enquête-Kommissionen eignen sich vor allem für Themen, die einer grundsätzlichen bzw. wissenschaftlichen Aufbereitung bedürfen.

Die Einsetzung einer Enquête-Kommission ist ebenfalls als ein Recht der Minderheit ausgestaltet.

Die Gesetzgebung

Das Recht, beim Parlament Gesetzentwürfe einzubringen (Gesetzesinitiativrecht), steht der Regierung und den Abgeordneten zu. In der Praxis macht allerdings die Regierung von ihrem Initiativrecht in größerem Umfang Gebrauch als die Abgeordneten. Die größere Zahl der vom Landtag behandelten Gesetzentwürfe sind Entwürfe der Regierung.

Gesetzentwürfe im Landtag von Baden-Württemberg

	9. Wahlp. 1984–88	10. Wahlp. 1988–92
Regierungsentwürfe	61	81
Entwürfe von Abgeordneten und Fraktionen	32	76
zusammen	93	157
verabschiedete Gesetze	70	92

Gesetzentwürfe aus der Mitte des Landtags müssen von mindestens acht Abgeordneten oder von einer Fraktion unterzeichnet sein. Auf das Gesetzesinitiativrecht des Volkes ist unten gesondert einzugehen.

Die Gesetzentwürfe werden im Plenum in zwei oder drei Beratungen (Lesungen) behandelt. Die Erste Lesung dient der Darlegung und der Erörterung der Grundsätze der Vorlage. Über den Inhalt des Entwurfs wird hier noch nicht beschlossen. Auch die Ablehnung des Gesetzentwurfs ist in der Ersten Lesung noch nicht möglich, so daß jeder Gesetzentwurf mindestens zwei Lesungen unterzogen wird.

Im Anschluß an die Erste Lesung wird der Gesetzentwurf an den fachlich zuständigen Ausschuß überwiesen (unterbleibt die Ausschußüberweisung, so schließt sich als nächstes die Zweite Lesung im Plenum an), oder auch an mehrere Ausschüsse, wobei ein Ausschuß als federführend bestimmt wird. Der Ausschuß kann dem Plenum einzelne Änderungen des Entwurfs empfehlen, oder er empfiehlt die unveränderte Annahme des Gesetzes oder die Ablehnung.

Mit der Ausschußempfehlung gelangt der Gesetzentwurf wieder an das Plenum des Landtags, wo die abschließende Zweite Lesung folgt. Bei dieser Lesung wird im Plenum auf der Grundlage des Vorschlags des Ausschusses nach einer nochmaligen Grundsatzaussprache über die einzelnen Paragraphen des Gesetzentwurfs beraten und abgestimmt. Jeder Abgeordnete kann hier Änderungsanträge stellen. Bei besonders bedeutsamen Gesetzentwürfen, nämlich bei Verfassungsänderungen und bei Haushaltsgesetzen, muß im Plenum eine weitere Lesung stattfinden (die Dritte Beratung), in der nochmals jede Einzelvorschrift aufgerufen und zur Abstimmung gestellt wird. Auch bei anderen Gesetzen wird eine Dritte Beratung durchgeführt, wenn der Landtag dies bei der Ersten Lesung beschlossen hat.

Das Gesetzgebungsverfahren im Landtag endet mit der „Schlußabstimmung" über das gesamte Gesetz, dem eigentlichen parlamentarischen Gesetzesbeschluß. Das Gesetz wird mit der Mehrheit der abgegebenen Stimmen beschlossen. Bei verfassungsändernden Gesetzen ist in der Schlußabstimmung eine qualifizierte Mehrheit erforderlich (Artikel 64 Abs. 2 der Verfassung). Die verfassungsmäßig zustande gekommenen Gesetze werden sodann vom Ministerpräsidenten ausgefertigt und im Gesetzblatt des Landes verkündet.

Das Verfahren der mehrmaligen Lesung vor dem Parlamentsplenum und der dazwischenliegenden Ausschußberatungen, wobei noch weitere Verfahrensvarianten möglich sind, mag umständlich erscheinen. Es ermöglicht aber eine sorgfältige Vorbereitung der Gesetzesentscheidungen des Parlaments, die als generelle Norm auch auf nicht voraussehbare Fallgestaltungen passen müssen.

Im Jahre 1974 ist durch eine Verfassungsänderung neben der Regierung und den Abgeordneten auch dem Volk das Recht der Gesetzesinitiative gegenüber dem Landtag gegeben worden. Ein solcher Volksgesetzentwurf wird durch Volksbegehren beim Landtag eingebracht. Voraussetzung für die Einbringung beim Landtag ist die Unterstützung durch mindestens ein Sechstel der Wahlberechtigten (d. h. gegenwärtig rund 1 Million). Stimmt der Landtag der vom Volk eingebrachten Gesetzesvorlage nicht unverändert zu, so findet eine Volksabstimmung über den Entwurf statt, bei welcher das Volk entscheidet, ob der Entwurf Gesetz werden soll oder ob er abgelehnt wird. Hier wird also das Staatsvolk unmittelbar als Gesetzgeber tätig.

Kontrolle der Regierung

Das Parlament ist nicht nur Träger der gesetzgebenden Gewalt, also der Legislative, ihm obliegt vielmehr auch die Regierungskontrolle.

Wesentliches Merkmal des parlamentarischen Regierungssystems ist die parlamentarische Verantwortlichkeit der Regierung. Sie kommt in allererster Linie zum Ausdruck in der Kompetenz des Parlaments, den Regierungschef zu wählen und ihn zu stürzen. Das letztere, die Abwahl des Ministerpräsidenten, ist nach der Landesverfassung – entsprechend dem Vorbild des Grundgesetzes – nur in der Form des sogenannten konstruktiven Mißtrauensvotums möglich, d. h. in der Weise, daß der Landtag einen Nachfolger für den Ministerpräsidenten, den er ablösen will, wählt und dessen Regierung bestätigt. Überhaupt bedarf jede Berufung eines Ministers seitens des Ministerpräsidenten der Bestätigung durch den Landtag. Außerdem kann der Landtag mit einer Mehrheit von zwei Dritteln der Abgeordneten den Ministerpräsidenten zwingen, ein Mitglied seiner Regierung zu entlassen. Dem Landtag ist von der Verfassung damit – anders als dem Bundestag – eine unmittelbare Mitsprache auch bei der Zusammensetzung der Regierung eingeräumt.

Der Landtag kontrolliert das Handeln der Regierung. Dieser Verfassungsauftrag macht einen wesentlichen Anteil des Alltagsgeschehens im Landesparlament aus. Dem Landtag steht hierfür ein vielfältiges Instrumentarium an Einwirkungsmöglichkeiten zur Verfügung. Genannt seien etwa das Recht des Plenums und der Landtagsausschüsse, Regierungsmitglieder herbeizuzitieren, damit diese dem Parlament Rede und Antwort stehen. Hierher gehören ferner die verschiedenen, in der Geschäftsordnung näher geregelten Formen des parlamentarischen Fragerechts: Jeder Abgeordnete kann an die Regierung Kleine Anfragen richten – diese werden schriftlich beantwortet – oder Mündliche Anfragen, die die Regierung in einer Fragestunde vor dem Plenum des Landtags mündlich beantwortet. Große Anfragen werden von mindestens 15 Abgeordneten oder von einer Fraktion zu politisch bedeutsamen Themen eingebracht und können, nach vorheriger schriftlicher Stellungnahme der Regierung, zu einer Debatte im Plenum führen. Zu Themen von aktuellem und allgemeinem Interesse kann von einer Fraktion – auch kurzfristig – eine Aktuelle Debatte vor dem Plenum beantragt werden. Ein gebräuchliches Mittel der Einwirkung auf das Handeln der Regierung sind schließlich Anträge aus der Mitte des Hauses, die darauf abzielen, die Regierung um bestimmte Maßnahmen zu ersuchen (das Beratungsverfahren für solche Anträge, die von einer Fraktion oder wenigstens fünf Abgeordneten unterzeichnet sein müssen, ist in §§ 54, 57 der Geschäftsordnung näher geregelt). Zum Bereich der Regierungskontrolle gehören schließlich die oben erwähnten Untersuchungsausschüsse und die Beschlüsse des Landtags auf Petitionen.

Der Landtag war in der Vergangenheit bemüht, sich in seinem geschäftsordnungsmäßigen Verfahren an gewandelte Gegebenheiten anzupassen und neue Handlungsformen zu entwickeln, wo dies durch die Entwicklung geboten war. So ist beispielsweise in verschiedenen Bereichen eine frühzeitige Beteiligung des Landtags an Planungen der Exekutive oder bei Verhandlungen über Staatsverträge sichergestellt worden. Aufgrund einer Absprache mit der Landesregierung wird der Landtag darüber hinaus über die Beratungen der Ministerkonferenzen der Bundesländer informiert, in welchen unter den jeweiligen Fachministern auf vielen Gebieten ein gemeinsames Vorgehen der Länder abgesprochen wird. Eine rechtzeitige Einschaltung des Parlaments in diesen Bereichen und die frühzeitige Information sollen vor allem verhindern, daß das Parlament durch Entscheidungen der Exekutive präjudiziert wird. Im herkömmlichen parlamentarischen System lassen sich diese neuen Mitwirkungsformen am ehesten als Maßnahmen der präventiven Regierungskontrolle (im Gegensatz zu einer nachvollziehenden Kontrolle) einordnen.

Das Etatrecht des Parlaments

Der Landtag hat das Recht der Haushaltsbewilligung. Er beschließt über den Staatshaushaltsplan, in welchem alle Einnahmen und Ausgaben des Landes auszuweisen sind. Der Landtag erteilt dem Haushaltsplan seine Zustimmung in der Form eines Gesetzes, durch das Haushaltsgesetz. Nach der Verfassung soll dieses Gesetz vor Beginn des betreffenden Rechnungsjahres verabschiedet sein, was sich allerdings, wie die Praxis zeigt, schwer einhalten läßt. Die Beratungen über den Entwurf des Haushaltsplans, der von der Regierung aufgestellt und eingebracht wird, geben dem Parlament Gelegenheit, alle Bereiche der Landespolitik zu debattieren. Die Beratungen über den Haushalt werden eingeleitet durch die Haushaltsrede des Finanzministers vor dem Landtag, zuweilen geht dieser Haushaltsrede eine allgemeine Regierungserklärung des Ministerpräsidenten voran. Im Anschluß daran führt der Landtag in einer Ersten Lesung des Haushalts zunächst eine Generalaussprache über die Regierungspolitik. Die Haushaltsberatungen nehmen den Landtag und vor allem den Finanzausschuß, der jeweils mehrere Wochen lang die einzelnen Positionen des Haushaltsentwurfs berät, zeitlich in erheblichem Umfang in Anspruch.

Das finanzielle Gesamtvolumen des Landeshaushalts belief sich im Jahre 1992 auf rd. 55 Milliarden DM. Hiervon nehmen allerdings die Personalausgaben des Landes allein knapp 40 % in Anspruch, ein weiterer Ausgabenblock von über 50 % ist durch gesetzliche Verpflichtungen festgelegt oder aus anderen Gründen zwangsläufig. Der Anteil des Etatvolumens, der für den Haushaltsgesetzgeber als frei verfügbar angesehen werden kann, macht – wie diese Zahlen zeigen – nur wenige Prozent aus.

Früher ist es üblich gewesen, daß der Staatshaushaltsplan jeweils für den Zeitraum eines Jahres beschlossen wurde. In jüngerer Zeit ist wiederholt ein sogenannter Doppelhaushalt mit einer Laufzeit von zwei Jahren von der Regierung vorgelegt und vom Landtag verabschiedet worden. Bei einem solchen Zweijahreshaushalt findet im Landtag nur alle zwei Jahre die umfassende Haushaltsberatung über sämtliche Ausgabenpositionen statt. Die in der Zwischenzeit notwendig werdenden Korrekturen werden hier durch weniger umfangreiche Nachtragshaushalte vorgenommen, die sowohl bei der Entwurfsvorbereitung seitens der Regierung als auch bei der parlamentarischen Beratung weniger Arbeitsaufwand erfordern. Der Doppelhaushalt kann über die zweijährige Laufzeit hinweg größeren Unsicherheiten hinsichtlich der Einnahme- und Ausgabenentwicklung (z. B. durch unvorhergesehene Konjunktur- und Kostenbewegungen) ausgesetzt sein als die auf ein Jahr beschränkte Haushaltsplanung.

Zum Budgetrecht (Etatrecht) des Landtags gehört neben der Haushaltsbewilligung ferner die Kontrolle über den Haushaltsvollzug. Anhand der vom Finanzminister erstellten Haushaltsrechnung überprüft der Landtag jeweils für ein abgeschlossenes Haushaltsjahr das Finanzgebaren der Behörden. Er stützt sich dabei vor allem auf die Prüfungsberichte des Landesrechnungshofs, einer unabhängigen Behörde, deren Prüfungstätigkeit eine wesentliche Voraussetzung für eine wirksame politische Kontrolle seitens des Parlaments darstellt. Im einzelnen wird die Denkschrift des Rechnungshofs im zuständigen Landtagsausschuß sehr intensiv beraten, bevor der Landtag der Regierung die Entlastung erteilt. Der Landtag kann auch einzelne Sachverhalte zur weiteren Aufklärung an den Rechnungshof zurückverweisen, er kann der Regierung bestimmte Maßnahmen aufgeben, über deren Vollzug sie dem Landtag zu berichten hat, oder bestimmte Sachverhalte mißbilligen.

Mitwirkung des Landtags in Europa-Fragen

Zu einem Schwerpunkt der Tätigkeit des Landtags hat sich in der letzten Wahlperiode die Europapolitik entwickelt. Der Landtag steht durch die zunehmende europäische Integration vor neuen Herausforderungen. Die Übertragung von Gesetzgebungskompetenzen der Länder auf die Europäische Gemeinschaft trifft gerade den Landtag in seinem eigenständigen gesetzgeberischen Gestaltungsspielraum.

Das Landesparlament hat deshalb frühzeitig eine eigene Mitwirkung in Angelegenheiten der Europäischen Gemeinschaft angestrebt. Durch Landtagsbeschluß vom 16. März 1989 wurde sichergestellt, daß die Landesregierung den Landtag über alle Vorhaben der Europäischen Gemeinschaft unterrichtet, die für das Land von herausragender politischer Bedeutung sind oder ganz bzw. teilweise die Gesetzgebungszuständigkeit der Länder berühren.

Die dem Landtag zugeleiteten Vorhaben der Europäischen Gemeinschaft werden vom Landtagspräsidenten den zuständigen Fachausschüssen zur Beratung überwiesen. Die Fachausschüsse beraten die Vorlage und fassen eine Beschlußempfehlung, über die das Landtagsplenum entscheidet; in Eilfällen kann der Ausschuß auch eine abschließende Stellungnahme zu einem EG-Vorhaben abgeben.

Ziel dieses Beteiligungsverfahrens in Angelegenheiten der Europäischen Gemeinschaft ist es, auf die Willensbildung der Landesregierung und deren Abstimmung im Bundesrat Einfluß zu nehmen.

Die bisherigen Erfahrungen mit den Beteiligungsverfahren haben gezeigt, welch starke Bedeutung die Rechtssetzungstätigkeit der Europäischen Gemeinschaft für die Länder hat. So berührten rund ein Drittel der bisher dem Landtag zugeleiteten EG-Vorhaben die Gesetzgebungskompetenz der Länder, insbesondere im Bereich der Bildungs- und Kulturpolitik.

Das europapolitische Engagement des Landtags zeigt sich im übrigen in der Mitwirkung in wichtigen europäischen Gremien der interregionalen Zusammenarbeit.

So ist der Landtag mit einem Sitz neben der Landesregierung in der Versammlung der Regionen Europas (VRE) vertreten. Die VRE ist ein europäischer Zusammenschluß der Regionen, der sich zum Ziel gesetzt hat, ein Europa der Regionen aufzubauen als dritte Ebene neben den Nationalstaaten und der Europäischen Gemeinschaft. An der Schaffung dieses Zusammenschlusses im Jahre 1985 war der damalige Landtagspräsident Erich Schneider beteiligt.

Weiter wirkt der Landtag im europäischen Zentrum für regionale Entwicklung (CEDRE) mit. Dieses von den Regionen gegründete Forschungsinstitut mit Sitz in Straßburg befaßt sich mit den wissenschaftlichen Fragen der regionalen Entwicklung und interregionalen Zusammenarbeit.

Schließlich wird das Land Baden-Württemberg durch den Landtagspräsidenten seit 1989 im Beirat der regionalen und lokalen Gebietskörperschaften bei der EG-Kommission in Brüssel vertreten. Der Beirat, der die EG-Kommission in Fragen der europäischen Regionalpolitik berät, ist ein erster wichtiger Schritt auf dem Weg zu einer institutionellen Vertretung der Regionen bei der Europäischen Gemeinschaft. Mit Inkrafttreten der Maastrichter Verträge wird der Beirat aufgehen in einem neuen regionalen Vertretungsorgan, dem künftigen „Ausschuß der Regionen".

Die Stellung des Abgeordneten

Der Überblick über die Arbeitsweise des Landtags zeigt bereits, wie vielfältig die parlamentarischen Aufgaben eines Abgeordneten im Plenum, in den Ausschüssen, in den Fraktionen und deren Arbeitskreisen sind. Hinzu kommen Verpflichtungen des Abgeordneten im öffentlichen Leben und seine Verpflichtungen im Wahlkreis, wo man erwartet, daß die dortigen Abgeordneten für die Bevölkerung erreichbar sind. Trotzdem ist der Abgeordnete nicht nur Repräsentant eines Wahlkreises, ebenso wie er im Landtag nicht nur Vertreter seiner Partei ist, sondern nach dem Auftrag der Verfassung „Vertreter des ganzen Volkes".

Durch Verfassungsvorschriften und Gesetze wird die Unabhängigkeit und die Entscheidungsfreiheit des Abgeordneten besonders abgesichert. Dazu gehört etwa der Schutz des Abgeordneten vor Kündigung oder anderen Benachteiligungen in seinem privaten Arbeitsverhältnis wegen des Landtagsmandats (Artikel 29 der Verfassung) oder das Berufsgeheimnis des Abgeordneten (Artikel 39). Die Freiheit der Abstimmung und die Redefreiheit im Parlament sind durch die sogenannte Indemnität geschützt; dies bedeutet, daß der Abgeordnete wegen einer Abstimmung im Landtag oder wegen einer Äußerung in Ausübung des Landtagsmandats nicht außerhalb des Landtags zur Verantwortung gezogen, also z.B. gerichtlich verfolgt werden darf (Artikel 37). Für Handlungen, die keinen solchen Bezug zum Abgeordnetenmandat haben (wie z.B. Verkehrsdelikte), kann ein Abgeordneter strafrechtlich verfolgt werden, allerdings ist hierfür die Einwilligung des Landtags erforderlich (sogenannte Immunität). Für bestimmte Bereiche hat der Landtag diese Genehmigung in allgemeiner Form erteilt. Auf die Immunität kann ein Abgeordneter nicht verzichten, sie ist nicht ein persönliches Privileg des Abgeordneten, sondern will die Funktionsfähigkeit des Parlaments insgesamt gewährleisten.

Auch die Abgeordnetenentschädigung hat den Zweck, die Unabhängigkeit des Abgeordneten zu sichern. Die Einzelheiten sind im Abgeordnetengesetz von 1978 neu geregelt worden. Heute erhält der Landtagsabgeordnete eine steuerpflichtige Entschädigung von monatlich 6900 DM. Bei der Festsetzung dieses Betrags ging der Landtag davon aus, daß das Abgeordnetenmandat im Landtag, anders als z.B. das Mandat eines Bundestagsabgeordneten (Grund-Entschädigung dort 10366 DM), nicht das eines Full-Time-Parlamentariers sein soll. Der Landtag hat sich vielmehr für den Teilzeit-Abgeordneten entschieden, der grundsätzlich die Möglichkeiten haben soll, seine berufliche Tätigkeit – wenn auch in eingeschränktem Umfang – neben dem Abgeordnetenmandat weiterzuführen. Danach ist der Sitzungsplan des Landtags ausgerichtet worden. – Erhöhte Entschädigungen erhalten der Präsident und die Vizepräsidenten des Landtags.

Daneben werden zum Ausgleich der Unkosten, die mit dem Abgeordnetenmandat verbunden sind, folgende Aufwandsentschädigungen gewährt (jeweils Monatsbeträge): eine Unkostenpauschale für die allgemeinen Unkosten wie z. B. Betreuung des Wahlkreises, Kosten für Büro, Porto und Telefon, sonstige aus der Abgeordnetenstellung sich ergebende Aufwendungen, in Höhe von 1 829 DM. Der Abgeordnete kann auf Kosten des Landtags eine Büro- bzw. Schreibkraft (Dreiviertelkraft) einstellen. Eine Fahrkostenpauschale, die je nach Entfernung vom Wohnsitz nach Stuttgart zwischen 515 und 1 287 DM liegt; es werden damit vor allem die Pkw-Kosten abgegolten; die Benutzung der staatlichen Verkehrsmittel innerhalb des Landes ist frei. Die Tagegeldpauschale von 693 DM (bei Mitgliedern des Petitionsausschusses 987 DM) berücksichtigt die Aufwendungen aus Anlaß der Sitzungen in Stuttgart und bei sonstigen mandatsbedingten Reisen; diese Pauschale wird bei Nichtteilnahme an einer Pflichtsitzung jeweils um 70 DM gekürzt. Bestimmte Ämter innerhalb des Landtags verursachen einen besonderen Aufwand, für den eine spezielle Kostenpauschale gewährt wird.

Zur wirtschaftlichen Sicherung eines Abgeordneten gehört eine angemessene Altersvorsorge, auch als Ausgleich für die Vernachlässigung beruflicher Vorsorgemöglichkeiten. Einen parlamentarischen Versorgungsanspruch erwirbt der Abgeordnete nach frühestens acht Mandatsjahren, und zwar in Höhe von monatlich 2 288 DM, zahlbar ab dem vollendeten 60. Lebensjahr. Die Höchstversorgung, die nach 18 Jahren erreicht wird, beträgt 4 904 DM. Krankheitsfürsorge erhalten die Abgeordneten entweder durch einen Zuschuß nach den beamtenrechtlichen Beihilfevorschriften oder durch einen „Arbeitgeberanteil" zu ihren Krankenversicherungsbeiträgen.

Die jährliche Anpassung der Diäten ist bisher jeweils aufgrund eines Berichtes des Landtagspräsidenten vorgenommen worden, der sich hierbei auf statistische Daten, z.B. die Einkommens- und Preisentwicklung, gestützt hat. In der neuen Wahlperiode hat der Landtag nunmehr eine unabhängige Kommission berufen, die ihn bei der jährlichen Anpassung berät und auch Vorschläge zur Struktur der Abgeordnetenentschädigung machen soll.

Wie erwähnt schließt das Landtagsmandat die berufliche Tätigkeit nicht aus. Berufliche Praxis und berufliche Erfahrung können für das Amt des Abgeordneten durchaus von Vorteil sein. Der Gesetzgeber hat jedoch eine Reihe von staatlichen Ämtern aus Gründen der Gewaltenteilung und wegen der Gefahr von Interessenkollisionen für unvereinbar mit dem Landtagsmandat erklärt (Inkompatibilität). Dies gilt für Ämter im Bereich der Justiz, nämlich für Richter, Staatsanwälte und Amtsanwälte. Die Inkompatibilität besteht ferner für Beamte und Angestellte bei bestimmten übergeordneten Behörden von einem bestimmten Dienstrang ab, nämlich für Bedienstete der Regierungspräsidien, der Landesoberbehörden (z. B. Landesvermessungsamt, Statistisches Landesamt), der höheren Sonderbehörden (z. B. Oberschulämter, Oberfinanzdirektionen) und der obersten Landesbehörden (z. B. Ministerien), jeweils im Range vom Amtmann aufwärts. Inhaber solcher Ämter müssen mit der Wahl in den Landtag aus ihrem bisherigen Amt ausscheiden. Sonstige Beamte haben, wenn sie in den Landtag gewählt werden, einen Anspruch auf Arbeitszeitermäßigung mit entsprechender Kürzung ihrer Bezüge oder auf Beurlaubung ohne Besoldung.

Es bestehen für Abgeordnete übrigens sehr detaillierte Anzeigepflichten, wonach Berufe, Tätigkeiten in Unternehmensorganen oder vergütete und ehrenamtliche Verbandsfunktionen auf überregionaler Ebene zu veröffentlichen und andere entgeltliche Tätigkeiten (z. B. Beratung, Gutachtenerstellung) sowie politische Spenden dem Präsidenten anzuzeigen sind. Die Offenlegung der beruflichen Verhältnisse und möglicher Interessenkollisionen dient der Verdeutlichung des freien Mandats.

Die Landtagsverwaltung

Die Verwaltung des Landtags umfaßt die eigenen Beratungs-, Unterstützungs- und Informationsdienste des Parlaments. Mit rund 130 Bediensteten handelt es sich um eine kleine Verwaltung, die aber jederzeit in der Lage sein muß, die Bedingungen für eine reibungslose Arbeit des Parlaments zu gewährleisten. Dienstvorgesetzter dieser Verwaltung, die dem Parlament als solchem und die gleichermaßen allen Fraktionen dient, ist der Landtagspräsident, nicht die Regierung. In der Parlamentsverwaltung finden sich z. B. neben den technischen Verwaltungsdiensten auch eine eigene Druckerei, eine Parlamentspressestelle, der Besucherdienst; zur Unterstützung der Ausschüsse sind die Ausschußsekretariate eingerichtet sowie das Petitionsbüro; zum Stab des Parlaments gehören die Landtagsstenografen, ein Informationsdienst und der Juristische Dienst etc.

Die Landtagsverwaltung verfügt auch über Datenverarbeitungs-Experten, die den Landtag bei der Nutzung der Datenverarbeitung im Bereich der Parlamentsverwaltung unterstützen. Das Dokumentations- und Auskunftssystem über die Landtagsdrucksachen und Landtagsprotokolle wird beim Landtag von Baden-Württemberg bereits seit 1976 in automatisierter Form geführt. Jeder Abgeordnete kann über einen Bildschirm in seinem Abgeordnetenbüro in Stuttgart Informationen aus diesem System selbst abrufen. Das Landtagsgebäude und das neue „Haus der Abgeordneten" – hier finden sich vor allem die Büros der Abgeordneten und der Fraktionen – ist dafür mit der erforderlichen Technik ausgestattet worden. Dieses Informations- und Kommunikationssystem erlaubt auch den Zugriff auf externe Datenbanken, z.B. das Verzeichnis von Rechts- und Verwaltungsvorschriften des Landes, die Landesbibliographie, das Juristische Informationssystem oder eine Pressedatenbank. Die für die Arbeit von Parlament und Regierung interessierenden Datenbanken sind im „Landesinformationssystem" zusammengefaßt. Über dieses moderne Datenbanksystem, eine gemeinsame Informationseinrichtung von Landtag und Landesregierung, haben der Landtag, die Fraktionen und die Abgeordneten mit den Datenstationen im Landtag unmittelbar Zugriff auf eine Vielzahl von Daten aus den Bereichen Statistik, Schulwesen, Hochschulen, Umwelt, also auf Informationen, die für die Parlamentsarbeit von Bedeutung sind. Beim Ausbau dieses Informationssystems wird die Landesregierung vom „Landesausschuß für Information" beraten, der paritätisch mit Vertretern des Landtags und der Regierung besetzt ist.

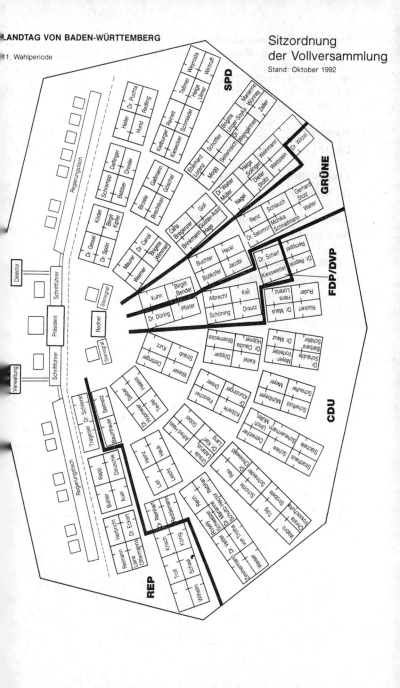

Landtag von Baden-Württemberg
Haus des Landtags · Konrad-Adenauer-Straße 3
7000 Stuttgart 1
Telefon (07 11) 20 63-0 (Durchwahl)
Telex 7-22 341, Telefax 20 63-2 99
Teletex 7111329 = LTBW

Präsident:

Dr. Fritz Hopmeier

Erster stellvertretender Präsident:

Dr. Alfred Geisel

Zweiter stellvertretender Präsident:

Peter Straub

Direktor beim Landtag:

Ministerialdirektor Dr. Windfried Grupp

ALBRECHT, Hans   FDP/DVP

Forstdirektor a. D.
Wurmberger Straße 21, 7135 Wiernsheim

* 27.9.1923 Stadelhofen; ev., verh., 2 Kinder – Abitur. 1942–45 Wehrdienst und Kriegsgefangenschaft. Studium der Forstwissenschaft Univ. Freiburg i. Br., 1947 Hochschulabschlußprüfung, 1949 Staatsexamen. 1949–51 Amtsverweser beim Forstamt Esslingen. 1950–56 bei der Forstdirektion Stuttgart tätig. 1955 Forstmeister, 1956 Übertragung des Forstamts Wiernsheim, 1964 Oberforstrat, 1971 Forstdirektor. 1951–56 Landesgeschäftsführer der Schutzgemeinschaft Deutscher Wald, Landesverb. BW, seit 1971 stellv. Landesvors. Seit Nov. 1965 Mitgl. Kreistag, Mitgl. Regionalverbandsversammlung Nordschwarzwald seit 1973. Vors. Kuratorium Jugendbildungsstätte Weil der Stadt. Mitgl. Beirat FH für Wirtschaft Pforzheim und der FH für Technik Esslingen. Mitgl. Verwaltungsrat der Landesgirokasse. Mitgl. Rundfunkrat SDR, Vors. Ausschuß für Politik. – MdL seit Mai 1968; 1972–84 stellv. Präsident.

Zweitmandat Wahlkreis 44 (Enz)

AUER, Willi   REP

Industriemeister
Leibnizweg 4, 7530 Pforzheim

* 21.9.1949 Tübingen; ev., verh., 3 Kinder, 1 Pflegekind. – Volksschule in Tübingen und Dotternhausen, Abendschule zweiter Bildungsweg. Industriemeister und Schweißfachmann-Lehrschweißer. Bauleiterbefähigung für Großbauvorhaben. Angestellter in der metallverarbeitenden Industrie in Pforzheim (freigestellt im Hinblick auf das Mandat). Mitgl. AR der Landesgartenschau GmbH, Pforzheim. Seit Sept. 1987 Mitgl. bei den Republikanern, seit 1991 stellv. Kreisvors. Pforzheim und Enzkreis. Seit 1989 Mitgl. Gemeinderat Pforheim, seit Dez. 1991 Fraktionsvors. Mitgl. des Landesvorst. seit April 1992. Mitgl. der Industriemeistervereinigung. Ehrenamtl. Vorstandsmitgl. der Stadtgarde Pforzheim. Mitgl. im Gesamtelternbeirat Pforzheimer Schulen. – MdL seit 28.4.1992.

Zweitmandat Wahlkreis 42 (Pforzheim)

BAUMHAUER, Werner   CDU

Staatssekretär im Finanzministerium
Emil-Nolde-Straße 55, 7920 Heidenheim

12.11.1930 Massenbachhausen/Kreis Heilbronn; kath., verh., 2 Kinder – Volksschule in Heilbronn-Böckingen. 1944–47 Lehrzeit als Vermessungstechniker, Lehrabschlußprüfung. 1948–50 Besuch der Oberschule Heilbronn, 1950 Abitur. 1951–55 Studium des Vermessungs- und Bauwesens TU Stuttgart. Ergänzende Studien in bürgerlichem und öffentlichem Recht, in Volkswirtschaft und Landesplanung. 1955 Diplomingenieurprüfung. 1955–58 Referendarzeit. 1958 Große Staatsprüfung für den höheren vermessungstechnischen Verwaltungsdienst. Tätig bei den Staatlichen Vermessungsämtern Bietigheim und Heilbronn. 1966–87 Leiter staatl. Vermessungsamt Heidenheim. 1987–92 Staatssekretär im Minist. f. Umwelt, seit Juni 1992 Staatssekretär im Finanzministerium. – MdL seit 16.5.1972.

Direktmandat Wahlkreis 24 (Heidenheim)

BEBBER, Wolfgang SPD

Rechtsanwalt
Nordstraße 20, 7101 Abstatt

* 4.4.1943 Friedberg/Hessen; konfessionslos, verh., 1 Kind – Abitur in Friedberg. Studium der Rechtswissenschaften Frankfurt/M. 1. Staatsexamen 1968, Assessorexamen 1972. 1972–74 Bundestagsassistent bei Dr. Erhard Eppler. Seit 1974 selbst. Rechtsanwalt in Heilbronn. Kreisvors. SPD Kreisverb. Heilbronn-Land seit 1981. Gemeinderat in Abstatt seit 1980. Mitgl. ÖTV und Arbeiter-Samariter-Bund Heilbronn. – MdL seit 10.4.1984; Vors. des Wahlprüfungsausssschusses.

Zweitmandat Wahlkreis 19 (Eppingen)

BENDER, Birgitt GRÜNE

Parlamentarische Beraterin a.D.
Knospstraße 1, 7000 Stuttgart 1

* 28.12.1956 Düsseldorf; konfessionslos, lebt in ehegleicher Gemeinschaft – Abitur 1975 Düsseldorf. Studium der Rechts- und Politikwissenschaften in Köln, Genf und ab 1978 in Freiburg/Br. Dort 1980 1. Staatsexamen, Referendariat und 2. Staatsexamen 1984 in Berlin. 1983–84 praktische Ausbildung bei einer Rechtsanwältin und Abgeordneten in San Francisco/USA. 1984–88 wissenschaftl. Mitarbeiterin Fraktion GRÜNE im Landtag für den Bereich Frauen- und Rechtspolitik. Seit 1978 Engagement in der Dritten-Welt-Solidaritätsarbeit, der Frauenbewegung und Bürgerinitiativen. Mitarbeit beim Feministischen Juristinnentag. Seit 1991 Mitgl. des GRÜNEN Länderrats. – MdL seit 20.4.1988; 1988–90 Sprecherin/Vors. der Fraktion GRÜNE, seit 1992 stellv. Fraktionsvors.; Vors. des Ausschusses für Familie, Frauen Weiterbildung und Kunst.

Zweitmandat Wahlkreis 1 (Stuttgart I)

BIRZELE, Frieder SPD

Innenminister
Dreikönigsweg 8, 7320 Göppingen

* 17.1.1940 Göppingen; ev., verh., 2 Kinder – Abitu 1959. 1960–65 Studium der Rechtswissenschaften in Tübingen und Berlin, 1. Staatsexamen 1965, 2. Staatsex amen 1969. 1967 wissenschaftl. Mitarbeiter am kriminc logischen Institut Tübingen. 1969–74 wissenschaftl. A sistent Univ. Tübingen. 1974–76 Regierungs-, Oberre gierungsrat beim Reg.Präs. Tübingen. Seit 1976 selbs Rechtsanwalt in Göppingen. 1963 Mitgl. SPD; Vor SPD-Ortsverein Göppingen. Stellv. Vors. SGK Bade Württemberg. 1970–74 Mitgl. von Gremien Univ. Tübi gen und des Gesamthochschulrats Baden-Württer berg. 1973–74 Vorstandsmitgl. Hauptpersonalrat as beim KM Stuttgart. 1970–74 Mitgl. GEW, seit 1975 ÖT 1984–92 Kreisrat. Seit 11.6.1992 Innenminister. – Mc seit 6.5.1976; 1980–92 stellv. Vors. SPD-Fraktion.

Zweitmandat Wahlkreis 10 (Göppingen)

BLOEMECKE, Gerhard   CDU

Bäcker- und Konditormeister
Untermühlaustraße 111, 6800 Mannheim 1

* 22.5.1936 Karlsruhe; kath., verh., 2 Kinder – Volksschule in Brühl. 1951–54 Bäckerlehre mit Gesellenprüfung, 1954–56 Lehre als Konditor mit Gesellenprüfung, 1961 Meisterprüfung im Konditorenhandwerk, 1962 Meisterprüfung im Bäckerhandwerk in Mannheim. Seit 1960 selbst. Bäcker- und Konditormeister. Gesellschaftergeschäftsführer der Firma Bloemecke Backwaren GmbH Mannheim. Stellv. Kreisvors. CDU-Kreisverb. Mannheim. Stellv. Kreisvors. der Mittelstandsvereinigung Mannheim. Mitgl. Vollversammlung Handwerkskammer Mannheim. 1971–84 Stadtrat in Mannheim. – MdL seit 13.4.1984.

Direktmandat Wahlkreis 36 (Mannheim II)

BRECHTKEN, Rainer   SPD

Politischer Staatssekretär
Bahnhofstraße 74, 7050 Waiblingen

* 15.8.1945 Ludwigsburg; kath., verh., 1 Sohn – Grundschule und Realschule in Schorndorf, Mittlere Reife 1962. Ausbildung zum gehobenen nichttechnischen Verwaltungsdienst in München; Diplom-Verwaltungswirt (FH). Bis 1969 Stadt München, Jugendamt. 1969–74 Stadt Schorndorf (Schwerpunkte Sport, Schule, Kultur, Soziales). 1974–80 Parlamentarischer Berater (Schwerpunkte Arbeitnehmerpolitik, Sozialpolitik, Jugendpolitik, Sportpolitik, Gesundheitspolitik). Mitgl. ÖTV. Mitgl. SPD seit 1968. 1971–87 Vors. SPD-Kreisverb. Rems-Murr. Seit 1973 Mitgl. Kreistag (Fraktionsvors.) und Regionalverband. Mitgl. Europa-Union, Arbeiterwohlfahrt. Mitgl. Verwaltungsrat der Landesgirokasse, Mitgl. Beirat der Landeskreditbank, Mitgl. Vorst. des Landesverbandes Abendrealschulen (ehrenamtl.). Seit Juni 1992 Politischer Staatssekretär im Wirtschaftsministerium. – MdL seit 10.4.1980.

Zweitmandat Wahlkreis 15 (Waiblingen)

BREGENZER, Carla   SPD

Sonderschullehrerin
Kelterstraße 14, 7443 Frickenhausen

* 4.12.1946 Kaiserslautern; ev., verh., 1 Tochter – Abitur in Stuttgart. PH Ludwigsburg und Reutlingen, 1. Prüfung für das Lehramt an Volksschulen 1969, Schuldienst in Neuffen und Stuttgart. 1971–73 Zusatzstudium Sonderpädagogik in Reutlingen. 1. Prüfung für das Lehramt an Sonderschulen 1973, 2. Prüfung 1974, Fachrichtung Sprachbehinderte Kinder und Jugendliche. Seit 1973 an der Johannes-Wagner-Schule in Nürtingen, Heimsonderschule für schwerhörige und sprachbehinderte Kinder und Jugendliche, ab Schuljahr 1992/93 auf 25 % des Deputats reduziert. Mitgl. GEW. Seit 1979 SPD-Gemeinderätin in Frickenhausen, seit 1988 SPD-Fraktionsvors. im Gemeinderat; seit 1979 im Kreistag Landkr. Esslingen, seit 1984 stellv. Vors. SPD-Kreistagsfraktion. – MdL seit 27.4.1992.

Zweitmandat Wahlkreis 8 (Kirchheim)

BRINKMANN, Ulrich SPD

Lehrer
Schubertstraße 35, 7805 Bötzingen

* 16.10.1942 Essen; ev., verh., 5 Kinder und Pflegekinder – Abitur in Lünen/Westfalen. Kriegsdienstverweigerer. Studium PH Dortmund. 1. Staatsprüfung für das Lehramt an Volksschulen 1965, 2. Staatsprüfung 1969. Lehrer in Lünen 1965–72 (1969–72 Personalratsvors.), in Bad Krozingen 1972–73, in Heitersheim 1973–76 und in Freiburg/Br. seit 1976, ohne Bezüge beurlaubt. Mitgl. SPD seit 1969. Vizepräs. des Landeskomitees der Europäischen Bewegung und stellv. Vors. der EU. Mitgl. u. a. der GEW, AWO, des Rings der Körperbehinderten, des Bundes für Umwelt- und Naturschutz, von pro familia, des ÖKO-Instituts Freiburg/Br. und der Badisch-Elsässischen Bürgerinitiativen. Vors. des Internationalen Freundeskreises Bötzingen. – MdL seit 16.4.1984.

Zweitmandat Wahlkreis 48 (Breisgau)

BUCHTER, Johannes GRÜNE

Revierförster
Hohenzollernstraße 69, 7033 Herrenberg

* 25.11.1954 Pforzheim; verh., 3 Kinder – 1975 Fachhochschulreife Technisches Gymnasium Freudenstadt 1975–79 Ausbildung zum gehobenen Forstdienst, FH-Abschluß Rottenburg. 1980–82 Entwicklungshelfer beim Deutschen Entwicklungsdienst in Ruanda/Afrika 1983–92 Leiter des Forstreviers Haslach. Seit 1992 Teil beschäftigung im Privatwaldbereich. Mitgl. GRÜNE seit 1983. Seit 1984 im Kreistag Böblingen. Seit 1989 in Regionalverband Mittlerer Neckar. – MdL sei 24.4.1992.

Zweitmandat Wahlkreis 6 (Leonberg)

BÜHLER, Rudolf REP

Elektromeister
Elsterweg 20, 7050 Waiblingen

* 24.8.1939 Rammelsbach/Pfalz. – Volksschule ur Elektroinstallateurlehre in Winterbach. Anschließer mehrere berufl. Stationen, u. a. langjährige Tätigkeit b Fa. Bauknecht in Schorndorf. 1965 Meisterprüfung. A schließend selbständiger Elektromeister mit eigene Geschäft in Winterbach. 1984–86 volks- und betrieb wirtschaftl. Weiterbildung im Abendstudium. Seit 19. bei den Stadtwerken Waiblingen als Elektromeister Bereich Energieversorgung tätig, seit Juni 1992 Freist lung. 1987 Eintritt in die Partei Die Republikaner, s 1991 stellv. Vors. Rems-Murr-Kreis. – MdL seit 27.4.199

Zweitmandat Wahlkreis 16 (Schorndorf)

BÜTIKOFER, Reinhard   GRÜNE

Politiker
Leimer Straße 20, 6900 Heidelberg

* 26. 1. 1953 Mannheim; 2 Töchter – Schule in Speyer und 1 Jahr in USA, Abitur 1971 in Speyer. Studium in Heidelberg: Philosophie, Geschichte, zeitweise Sinologie. 1983–86 Mitarbeiter der Heidelberger Wochenzeitung COMMUNALE. Mitgl. IG Medien. Mitgl. Beirat Landeskreditbank BW. Politisierung durch Protest gegen Vietnamkrieg und Besetzung der CSSR 1968. Ab 1972 in der Studentenpolitik aktiv, 1973–81 zahlr. Wahlfunktionen an der Univ. 1973–74 Zivildienst Universitätsklinik Heidelberg. 1973–80 aktiv in der Ges. für Deutsch-Chinesische Freundschaft. Ab 1974 Mitgl. der maoistischen KHG, später des KBW. Ab 1981 Solidarität mit Solidarność. 1984 Mitbegründer der Grün-Alternativen Liste (GAL) Heidelberg und Wahl in den Heidelberger Gemeinderat, 1984–87 Vors. GAL-Fraktion. 1984 Eintritt in DIE GRÜNEN. Mitgl. des BUND. Mitgl. Kuratorium für einen demokratisch verfaßten Bund deutscher Länder. Mitgl. deutsch-polnische und deutsch-tschechoslowakische Gesellschaft. – MdL seit 13. 4. 1988; finanz- und europapolitischer Sprecher der Fraktion GRÜNE.

Zweitmandat Wahlkreis 34 (Heidelberg)

CAROLI, Dr. Walter   SPD

Realschulkonrektor
Schlosserstraße 12, 7630 Lahr

* 22. 11. 1942 Lahr; ev., verh., 2 Kinder – Abitur in Lahr. Studium in Heidelberg, Karlsruhe, Freiburg/Br. und Konstanz. Realschullehrer 1969, Dipl.-Päd. 1974, Promotion 1977 zum Dr. rer. soc. an der Univ. Konstanz. Realschulkonrektor an der Otto-Hahn-Realschule in Lahr (beurlaubt im Hinblick auf das Mandat). Mitgl. der SPD seit 1971, Mitgl. SPD-Landesvorst., dort Leiter des umweltpol. Beirats. Stadtrat in Lahr seit 1975. Seit 1979 im Kreistag Ortenaukreis, dort Obmann im Sozialausschuß. Vors. des Vereins zur Förderung Körperbehinderter in Lahr; weitere Funktionen im Behindertenbereich. Mitgl. der Landesleitung der Badischen Naturfreunde, Mitgl. u. a. bei GEW, BUND, AWO und DNB. – MdL seit 13. 4. 1988; stellv. Vors. der SPD-Fraktion.

Zweitmandat Wahlkreis 50 (Lahr)

DAFFINGER, Wolfgang   SPD

Erster Bürgermeister a.D.
Schollstraße 1, 6940 Weinheim

* 28. 12. 1927 Weinheim; ev., verh., 2 Kinder – Volksschule. Maschinenschlosserlehre. 1944–45 Kriegsdienst; danach Tätigkeit als Lehrlingsausbilder, Werkzeugmacher, Betriebsrat. 1952–53 Studium in den USA. 1956 geschäftsführender DGB-Vors. in Weinheim; 1976–81 Leiter des DGB-Zweigbüros Weinheim. 1982–90 Erster Bürgermeister der Großen Kreisstadt Weinheim. Ortsvereinsvors. SPD 1958–82. Seit 1953 im Stadtrat, Fraktionsvors. bis 1982. Seit 1959 Mitgl. Kreistag. Ehrenamtl. im Beirat Förderverein Freunde und Förderer des Rehabilitations-Zentrums Neckargemünd e. V., der Heidelberger Werkgemeinschaft (Sozialtherapeutischer Verein für psychisch Kranke) e. V., der IKB Gemeinnützige Interessengemeinschaft zur Hilfe und Beratung Körperbehinderter e. V., Weinheim und der Textdat Servie gemeinnützige GmbH, Weinheim. Verwaltungsrat der Bezirkssparkasse Weinheim. – MdL seit Nov. 1962.

Zweitmandat Wahlkreis 39 (Weinheim)

DEUSCHLE, Ulrich   REP

Diplomvolkswirt
Roßwälder Straße 29, 7311 Notzingen

* 16.4.1952 Notzingen; ev., ledig – Abitur in Kirchheim/Teck. Studium der Wirtschaftswissenschaften, Geschichte und Politikwissenschaft in Stuttgart und Tübingen. Abschluß als Diplomvolkswirt 1978. Seit April 1980 bei der Mercedes-Benz AG im kaufmännischen Bereich tätig; Fachreferent im Geschäftsbereich Nutzfahrzeuge, seit Juni 1992 Freistellung wegen Mandatsübernahme. Kreisvors. der Republikaner im Kreis Esslingen seit 1989, Bezirksvors. Nordwürttemberg seit 1991, Mitgl. des Landesvorst. seit 1991. Kreisrat und stellv. Fraktionsvors. der Kreistagsfraktion der Republikaner im Kreis Esslingen. – MdL seit 24.4.1992; stellv. Vors. Fraktion Die Republikaner, Vors. des Verkehrsausschusses.

Zweitmandat Wahlkreis 8 (Kirchheim)

DÖPPER, Jörg   CDU

Verwaltungsamtsrat
Nürtinger Straße 49, 7442 Neuffen

* 20.5.1942 Neutitschein (Sudetenland); kath., verh., 2 Kinder – Gymnasium in Lorch, 1958 Mittlere Reife am Parler Gymnasium in Schwäbisch Gmünd. 1958–61 Verwaltungslehre bei der AOK Welzheim, Sitz in Lorch, 1. Verwaltungsprüfung 1963, 2. Verwaltungsprüfung 1969. Seit 1970 Abteilungsleiter bei der Innungskrankenkasse (IKK) in Nürtingen, Verwaltungsamtsrat. Gemeinderat und Fraktionsvors. seit 1984. Stellv. Bürgermeister der Stadt Neuffen. Seit 1984 Mitgl. des Kreistags Esslingen. Stellv. Vors. CDU-Gemeindeverb. Neuffener Tal. – MdL seit 28.4.1992.

Direktmandat Wahlkreis 9 (Nürtingen)

DÖRING, Dr. Walter   FDP/DVP

Studienrat, Fraktionsvorsitzender
Schwabenweg 13, 7170 Schwäbisch Hall

* 15.3.1954 Stuttgart; ev., verh. – Abitur in Schwäbisch Hall. Studium der Geschichte und Anglistik in Tübingen, Promotion zum Dr. phil. Univ. Tübingen. 1982–85 Unterricht am Gymnasium in der Taus in Backnang 1985–88 am Gymnasium bei St. Michael in Schwäbisch Hall, seit Aug. 1988 beurlaubt. Mitgl. Verwaltungsra der Kreissparkasse Schwäbisch Hall. Seit 1981 Kreis vors. FDP/DVP-Kreisverb. Schwäbisch Hall/Crailsheim/Limpurger Land. Mitgl. FDP-Landesvorst. se 1983. FDP-Landesvors., 1985 bis Juni 1988. Mitgl. FDF Bundesvorst. 1985 bis Juni 1988. Mitgl. Gemeindera Stadt Schwäbisch Hall seit 1984, Fraktionsvors.; Mitgl Kreistag Landkreis Schwäbisch Hall seit 1984. – Mdl seit 16.4.1988; Vors. FDP/DVP-Fraktion.

Zweitmandat Wahlkreis 22 (Schwäbisch Hall)

DRAUTZ, Richard   FDP/DVP

Weinbaumeister
Faißtstraße 23, 7100 Heilbronn

* 29.1.1953 Heilbronn; ev., verh., 1 Kind – Volksschule in Heilbronn. Weinbaulehre, 1976 Weinbaumeisterprüfung. Seit 1978 Mitinhaber und Betriebsleiter eines Weingutes in Heilbronn. Mitgl. Prüfungsausschüsse für Zwischen- u. Abschlußprüfung und Meisterprüfung im Weinbau. Vorstandsmitgl. Württemb. Weinbauverband. Mitinhaber Weingut Drautz-Able, Heilbronn. Vorstandsmitgl. im Verein ehemal. Weinbauschüler e.V. Weinsberg (ehrenamtl.). Vors. Theodor-Heuss-Kreis BW e.V. (ehrenamtl.). Mitgl. Vertreterversammlung Volksbank Heilbronn e.G. (ehrenamtl.). Mitgl. Tarifkommission des Arbeitgeberverbands für Land- u. Forstwirtschaft in Württemberg-Baden. Seit 1986 Stadtverbandsvors. der FDP in Heilbronn und stellv. Kreisvors., Mitgl. FDP-Landesvorst. seit 1988. Mitgl. im Bundesernährungsausschuß, Vors. Unterausschuß Sonderkulturen und Unterausschuß Weinbau der LFA Agrarpolitik und ländliche Räume. Seit Febr. 1992 Stadtrat in Heilbronn. – MdL seit 23.4.1992.

Zweitmandat Wahlkreis 19 (Eppingen)

DREIER, Josef   CDU

Politischer Staatssekretär
Altmannweg 3, 7988 Wangen im Allgäu

* 28.8.1931 Egelsee/Kr. Biberach; kath., verh., 5 Kinder – Abitur. Wirtschaftswissenschaftl. Studium in Tübingen und Köln, 1955 Abschluß als Diplomvolkswirt. Kaufm. Tätigkeit in der Industrie. Ausbildung für den berufl. Schuldienst an der Berufspädagogischen Hochschule Stuttgart. Seit 1966 Leiter der Kaufmännischen Berufs- und Berufsfachschule mit Wirtschaftsgymnasium und Berufskolleg in Wangen im Allgäu, 1971 Oberstudiendirektor. Mitgl. in versch. Organen der IHK und der Erwachsenenbildung. 1968–89 Stadtrat in Wangen im Allgäu, 1970–92 Mitgl. Kreistag Ravensburg, Vors. CDU-Kreistagsfraktion. Mitgl. Regionalvers. Bodensee-Oberschwaben. Mitgl. in versch. Ausschüssen der CDU. Mitgl. Stiftungsrat Stiftung Entwicklungszusammenarbeit BW. Mitgl. Rundfunkrat SWF. Seit Juni 1992 Politischer Staatssekretär im Ministerium für Wissenschaft und Forschung. – MdL seit 18.4.1980.

Direktmandat Wahlkreis 68 (Wangen)

DREXLER, Wolfgang   SPD

Oberamtsanwalt a.D.
Bärenwiesenweg 15, 7300 Esslingen

* 29.3.1946 Esslingen; kath., verh., 1 Tochter – Höhere Handelsschule in Esslingen. Ausbildung zum Rechtspfleger, Diplom-Rechtspfleger (FH) 1967. Bis 1968 beim Amtsgericht Nürtigen tätig. Danach Ausbildung Amtsanwalt in Tübingen und Düsseldorf, Amtsanwaltsexamen 1970. Amtsanwalt, seit 1982 Oberamtsanwalt bei der Staatsanwaltschaft Stuttgart. Mitgl. Deutscher Amtsanwaltsverein und der ÖTV. Mitgl. Verwaltungsrat der Kreissparkasse Esslingen. Mitgl. Beirat des Esslinger Kabaretts „Galgenstricke" (ehrenamtl.). Mitgl. SPD seit 1966. Seit 1971 Kreisrat, seit 1975 Stadtrat in Esslingen und seit 1981 Vors. SPD-Kreistagsfraktion Esslingen. Vors. Esslinger Sozialdemokraten seit 1983. Mitgl. der AWO, der VHS Esslingen, der Gustav-Heinemann-Initiative, der deutsch-sowjetischen und der deutsch-israelischen Gesellschaft. – MdL seit 16.4.1988; umweltpolitischer Sprecher der SPD-Fraktion.

Zweitmandat Wahlkreis 7 (Esslingen)

ECKERT, Dr. Richard   REP

Diplomphysiker
Sonnenbühl 13C, 7000 Stuttgart 70

* 9.11.1938 Lodz (Polen); ev., verh., 2 Söhne – 1945 Flucht und Vertreibung, Schulzeit in Cottbus, 1956 Abitur. Physikstudium an der Univ. Stuttgart, 1965 Diplomphysiker. Seitdem wissenschaftlicher Angestellter im Forschungszentrum der SEL in Stuttgart, für die Dauer des Mandats freigestellt. 1986 nebenberufl. Promotion an der TU Wien. 1984–88 Kreisvors. Die Republikaner in Stuttgart, 1988–89 Beisitzer im Landesvorst. Baden-Württemberg. 1989–92 stellv. Fraktionsvors. der Stuttgarter Gemeinderatsfraktion Die Republikaner. – MdL seit 27.4.1992.

Zweitmandat Wahlkreis 6 (Leonberg)

FLEISCHER, Gundolf   CDU

Politischer Staatssekretär a.D.
Im Bohrer 35, 7801 Horben

* 22.7.1943 Wechselburg/Kr. Rochlitz; röm.- kath., ledig – 1962 Abitur. Studium der Geschichte und Philosophie und ab 1963 der Rechtswissenschaften. 1967 1., 1971 2. jur. Staatsexamen. Bis 1975 wissenschaftl. Assistent am Kriminologischen Institut in Freiburg/Br. Daneben Tätigkeit in der Anwaltspraxis des Vaters. 1975–79 Generalsekretär der CDU BW. Sodann Rechtsanwalt in Freiburg/Br. Mitgl. Beirat der Badenwerk AG und der Landeskreditbank. Stellv. Mitgl. Rundfunkrat des SWF. Seit 1970 Mitgl. CDU. Gemeinderat in Ebnet bis zur Eingliederung in die Stadt Freiburg/Br. 1973 bis Juli 1990 Kreisrat im Landkreis Breisgau-Hochschwarzwald. 1973–75 und seit 1978 Kreisvors. CDU Breisgau-Hochschwarzwald. 1980 bis Juli 1988 Gemeinderat in Horben. Juni 1988 bis Juni 1992 politischer Staatssekretär im Staatsministerium (Europaangelegenheiten), im Ministerium für Wirtschaft, Mittelstand und Technologie und im Innenministerium. – MdL seit 10.5.1976; 1980–88 Sprecher der CDU-Fraktion für Wissenschaft und Kunst; Vors. Wirtschaftsausschuß.

Direktmandat Wahlkreis 48 (Breisgau)

GASSMANN, Rolf   SPD

Berufsschullehrer, Mieterberater
Klopstockstraße 67, 7000 Stuttgart 1

* 18.12.1950 Mühlhausen/Thüringen, seit 1954 in Stuttgart lebend – Nach Abitur Ausbildung zum Bankkaufmann. Anschl. Studium der Wirtschaft u. Politik in Stuttgart. Seit 1976 Unterrichtstätigkeit an kaufmännischen Schulen. Seit 1986 Vors. des Stuttgarter Mietervereins, dort auch als Mieterberater tätig. 1972 Landesgeschäftsführer der Jungsozialisten BW. Anschl. Funktionen bei Jungsozialisten und in der SPD, u.a. stellv. Ortsvereinsvors. und Mitgl. des SPD-Kreisvorst. Stuttgart. Mitgl. der Friedensbewegung. Teilnahme an einer der ersten Friedensblockaden 1982. Seit 1981 Übernahme versch. Ehrenämter im Deutschen Mieterbund, dort Mitgl. des Bundesbeirats. 1989 bis Juli 1992 Mitgl. des Stuttgarter Gemeinderats und wohnungspolitischer Sprecher der SPD-Gemeinderatsfraktion. – MdL seit 24.4.1992.

Zweitmandat Wahlkreis 1 (Stuttgart I)

GEISEL, Dr. Alfred   SPD

Erster stellv. Landtagspräsident
Am Rosengarten 20, 7090 Ellwangen (Jagst)

* 23.6.1931 Tübingen; verh., 4 Kinder – 1951 Abitur. 1951–55 Studium der Rechtswissenschaften in Tübingen und Bonn. 1955 1. jur. Staatsprüfung, 1959 Große jur. Staatsprüfung, 1960 Promotion. 1960–61 Gerichtsassessor am Amtsgericht Bad Mergentheim, 1961–68 Richter am Landgericht Ellwangen, 1968–72 1. Staatsanwalt bei der Staatsanwaltschaft Ellwangen. Mitgl. Stiftungsrat der Stiftung Entwicklungszusammenarbeit BW. Ehrenamtl. Mitgl. Kuratorium der Stiftung Wirtschaftsarchiv BW und im Kuratorium der Internat. Bachakademie und der Internat. Hugo-Wolf-Akademie in Stuttgart. Ehrenamtl. Mitgl. im Beirat der Kunststiftung BW. Seit 1965 SPD. 1968–84 Mitgl. Gemeinderat Stadt Ellwangen. Seit 1971 Mitgl. Kreistag Aalen bzw. Ostalbkreis. Mitgl. versch. regionaler Sportvereine und kultureller Vereinigungen. – MdL seit 16.5.1972; 1976–80 Vors. Ausschuß für Raumordnung, Wirtschaft und Umwelt, seit 1980 Erster stellv. Präsident des Landtags.

Zweitmandat Wahlkreis 26 (Aalen)

GÖBEL, Karl   CDU

Agraringenieur
Höhenblick 59, 7900 Ulm-Einsingen

* 5.10.1936 Hütting/Bayern; röm.-kath., verh., 3 Kinder – Volksschule in Hütting. 1950–57 Ausbildung zum Landwirt, Gehilfenprüfung, Fachschule für Landwirtschaft, Praktikum in der Schweiz. 1957–59 Ausbildung zum Dipl.-Ing. (FH) Fachrichtung Landbau. 1960–62 Arbeit an der Bayerischen Landessaatzuchtanstalt Weihenstephan. 1962–68 Bildungsreferent beim Bauernverband Württemberg-Baden, Stuttgart; hauptberufl. Jugendarbeit. Ab 1968 Geschäftsführer beim Bauernverband Ulm e.V. Mitgl. des Stiftungsrates der Stiftung Entwicklungszusammenarbeit BW. Geschäftsführender Vors. des Landessportfischereiverbandes e.V. (ehrenamtl.). Mitgl. im Ortsvorst. der CDU Ulm, im Kreisvorst. der CDU Alb-Donau. Mitgl. im Planungsbeirat des Regionalverbandes Donau-Iller und im Ortschaftsrat Ulm-Einsingen. – MdL seit 13.4.1984.

Direktmandat Wahlkreis 64 (Ulm)

GÖSCHEL, Helmut   SPD

Lehrer GHS
Rosengasse 8, 6920 Sinsheim

* 19.9.1944 Weimar; ev., 2 Kinder – Abitur am Wilhelmi-Gymnasium in Sinsheim. 1965–67 Studium an der PH Heidelberg. 1967–87 Lehrer an der Grundschule Sinsheim-Waldangelloch, seit 1987 an der Grund- und Hauptschule Sinsheim. 1983 Zusatzausbildung als Beratungslehrer. Mitgl. GEW. Seit 1975 Stadtrat in Sinsheim. 1975–80 Ortschaftsrat in Waldangelloch. Kreisvors. der SGK Rhein-Neckar. – MdL seit 24.2.1987.

Zweitmandat Wahlkreis 41 (Sinsheim)

GOLL, Heinz SPD

Gewerkschaftssekretär
Karlstraße 8a, 7560 Gaggenau 12

* 26.10.1938 Rastatt; verh., 2 Töchter – Volksschule. 1953–56 Lehre als Maschinenschlosser, Abschluß mit Facharbeiterprüfung. 1956–63 Vors. Betriebsjugendvertretung Daimler-Benz, Gaggenau, anschl. Betriebsrat. 1963 Wahl und Anstellung zum Gewerkschaftssekretär der IG Metall, Verwaltungsstelle Gaggenau; 1972 Wahl zum 2. Bevollmächtigten, 1980 zum 1. Bevollmächtigten der IG Metall, Verwaltungsstelle Gaggenau. Beiratsmitgl. IG Metall und Mitgl. der Großen Tarifkommission. Verwaltungsausschußmitgl. Arbeitsamt Rastatt. Mitgl. Vertretervers. AOK Rastatt, Mitgl. Verwaltungsrat Stadtsparkasse Gaggenau und Aufsichtsrat der Kurgesellschaft Gaggenau-Bad Rotenfels. Mitgl. Gemeinderat der Stadt Gaggenau seit 1969, Fraktionsvors. seit 1983, ehrenamtl. Stellv. des OB seit 1978. Seit 1986 stellv. Kreisvors. der SPD. Seit 1984 Kreisrat im Landkreis Rastatt. – MdL seit 13.4.1984.

Zweitmandat Wahlkreis 32 (Rastatt)

HAAS, Alfred CDU

Diplomingenieur (FH)
amtl. anerkannter Sachverständiger
Mundinger Straße 39a, 7830 Emmendingen

* 5.2.1950 Freiburg; ev., verh. – Volksschule. Elektroinstallateurlehre. Fachhochschulreife. Studium der Elektrotechnik FH Karlsruhe. 1972–74 Wehrdienst, Major d.R. 1974–78 Vertriebsingenieur. Seit 1978 amtlich anerkannter Sachverst. für Fördertechnik. 1984–90 Betriebsrat, 1986–90 Pressereferent beim TÜV Baden e.V. Mitgl. Vertretervers. der Volksbank Emmendingen e.G. (ehrenamtl.). Seit 1970 Vors. Motorsport Racing-Team Freiamt e.V. im ADAC. Mitgl. Vorstandsrat ADAC Südbaden (ehrenamtl.). Mitgl. Europa-Union. 1975–88 Gemeinderat, CDU-Fraktionssprecher und Bürgermeisterstellvertreter in Freiamt. Seit 1979 Kreisrat Kreistag Emmendingen. 1975–88 Vorstandsämter im CDU-Ortsverb. Freiamt und seit 1983 stellv. Kreisvors. CDU Emmendingen. Seit 1980 Kreisvors. CDA Emmendingen und Bezirksvorstandsmitgl. CDA Südbaden. – MdL seit 14.4.1988.

Direktmandat Wahlkreis 49 (Emmendingen)

HAAS, Gustav-Adolf SPD

Stadtbaumeister, Diplomingenieur
Rudenberger Straße 18, 7820 Titisee-Neustadt

* 20.6.1935 Eisern/Kr. Siegen; ev., verh., 5 Kinder – Volksschule, Maurerlehre. Über den zweiten Bildungsweg Bauingenieurstudium, Diplomingenieur. Tätigkeiten bei der Kreisverwaltung Siegen. 1964–67 Bauamtsleiter in Frankenberg/Eder. Seit April 1967 Stadtbaumeister in Titisee-Neustadt. 1970 Verwaltungsdiplom an der Verwaltungs- und Wirtschaftsakademie Freiburg. 1978 Ernennung zum vereidigten Sachverständigen für das Sachgebiet Tiefbau durch die IHK Freiburg. Beratendes Mitgl. des Kreisvorst. der SPD Breisgau-Hochschwarzwald, 1979–92 stellv. Kreisvors. Kreisrat und stellv. Fraktionsvors. im Landkreis Breisgau-Hochschwarzwald. Mitgl. Regionalverband Südlicher Oberrhein (hier Planungsausschuß). Vors. der AWO Titisee-Neustadt und Mitgl. Kreisvorst. für die Landkreise Breisgau-Hochschwarzwald und Emmendingen. Vorstandsmitgl. der Naturfreunde Neustadt. Mitgl. in weiteren zahlr. Vereinen, hier teilweise Beisitzertätigkeiten in den einzelnen Vorständen. – MdL seit 24.4.1992.

Zweitmandat Wahlkreis 46 (Freiburg I)

HAASIS, Heinrich   CDU
Präsident des WSGV
Asterstraße 11, 7457 Bisingen

* 21.4.1945 Streichen bei Balingen; ev., verh., 2 Kinder – Gymnasium, Höhere Handelsschule. Ausbildung gehobener Verwaltungsdienst, 1968 Staatsprüfung als Dipl.-Verwaltungswirt (FH). 1968–71 Stadt Nürtingen und Stadt Hechingen. 1971–81 Bürgermeister der Gemeinde Bisingen, ab 1973 Vors. der Städte und Gemeinden im Zollernalbkreis; Präsidium u. Vorstandsmitgl. Gemeindetag BW. 1981–91 Landrat des Zollernalbkreises. Seit Sept. 1991 Präsident des Württ. Sparkassen- und Giroverbandes (WSGV), in dieser Funktion Vors. bzw. stellv. Vors. Verwaltungsrat Südwestdeutsche Landesbank, Stuttgart, Landesbausparkasse Württ., Stuttgart, des AR Sparkassen-Versicherung Leben AG, Stuttgart, Kommunalentwicklung BW GmbH, Stuttgart. Mitgl. Verwaltungsrat des Kommunalen Versorgungsverbandes BW, Karlsruhe, sowie der Sächsischen Landesbank, Dresden. Landesvorst. der JU 1972–76. Mitgl. Kreisvorst. der CDU. 1971–81 Mitgl. Kreistage Hechingen und Zollernalbkreis, des Regionalverbandes Neckar-Alb 1975–89. Kreisvors. DRK 1981–91. – MdL seit 5.5.1976; stellv. Vors. der CDU-Fraktion seit 1980.

Direktmandat Wahlkreis 63 (Balingen)

HACKL, Reinhard   GRÜNE

Kreisbeamter
Talstraße 3, 7038 Holzgerlingen

* 22.5.1960 Leonberg; ev., ledig – Realschule in Gerlingen, Wirtschaftsgymnasium in Stuttgart. 1979–83 Ausbildung für den gehobenen nichttechnischen Verwaltungsdienst, u.a. an der FH für öffentliche Verwaltung in Stuttgart. Nach dem Zivildienst zunächst Zweiter Pressesprecher beim Landratsamt Böblingen. Später im Umweltschutzamt tätig, Kreisamtmann (beurlaubt). Mitgl. ÖTV. Seit 1984 Mitgl. der GRÜNEN. Seit 1989 Sprecher des Ortsverbandes Böblingen. Mitgl. im Verkehrsclub für die Bundesrepublik Deutschland (VCD). Sprecher der Bürgerinitiative „Runder Tisch Schönbuchbahn". – MdL seit 27.4.1992.

Zweitmandat Wahlkreis 5 (Böblingen)

HAUK, Peter   CDU

Diplomforstwirt, Forstrat
Hauptstraße 88, 6962 Adelsheim-Sennfeld

* 24.12.1960 Walldürn; röm.-kath., verh., 2 Kinder – Abitur in Amorbach. Grundwehrdienst. Studium der Forstwissenschaften in Freiburg, Diplom 1987. 1986/87 Wiss. Mitarbeiter bei der Forstlichen Versuchs- und Forschungsanstalt BW. Forstreferendar 1987–89 bei der Forstdirektion Stuttgart. 1989 Große Forstliche Staatsprüfung. Forstassessor, seit 1990 Forstrat, Taxator (Forsteinrichter) bei der Forstdirektion Freiburg 1989–91. Seit 1991 stellv. Leiter des Staatl. Forstamts Schöntal/Jagst. Kreisvors. der JU Neckar-Odenwald seit 1987. 1987–91 Mitgl. im JU-Bezirksvorst., seit 1991 im JU-Landesvorst. Mitgl. im Vorst. der CDU Neckar-Odenwald und der CDU Nordbaden. 1984–88 Ortschaftsrat in Walldürn-Rippberg. Vors. Pfarrgemeinderat Sennfeld. Mitgl. der EU, der Kreisjägervereinigung, des SV Rippberg, der Chorgemeinschaft Rippberg, des Heimatvereins Sennfeld, des Vereins Odenwälder Freilichtmuseum, des Vereins Schloßfestspiele Zwingenberg. – MdL seit 27.4.1992.

Direktmandat Wahlkreis 38 (Neckar-Odenwald)

HEILER, Walter   SPD

Rechtsanwalt
Kronauer Straße 35, 6833 Waghäusel

* 28.5.1954 Kirrlach; kath., verh., 2 Kinder – Hebel-Gymnasium in Schwetzingen, 1973 Abitur. 1973–78 Studium der Rechtswissenschaften in Heidelberg, 1978 1. Staatsexamen, 1981 Assessorexamen, seitdem Rechtsanwalt. Mitgl. Vertreterversammlung der Volksbank Waghäusel e. G. (ehrenamtl.). Seit 1979 SPD-Mitgl., seit 1980 Ortsvereinsvors. Waghäusel, seit 1989 stellv. Kreisvors. Karlsruhe-Land. Seit 1980 Gemeinderat in Waghäusel, seit 1984 Mitgl. des Kreistags Landkreis Karlsruhe. Seit 1989 Erster stellv. Bürgermeister der Stadt Waghäusel. – MdL seit 24.4.1992.

Zweitmandat Wahlkreis 29 (Bruchsal)

HEINZ, Hans   CDU

Bürgermeister
Am Pflaster 7, 7065 Winterbach

* 16.12.1951 Winnenden; ev., verh., 2 Kinder – Nach der Schulzeit Ausbildung im gehobenen Verwaltungsdienst 1967–72. 1972–75 stellv. Hauptamtsleiter der Stadt Winnenden. 1975–81 Hauptamtsleiter bei der Stadt Asperg. Seit Sept. 1981 Bürgermeister der Gemeinde Winterbach. Mitgl. AR der Kreisbaugesellschaft Waiblingen und der Winterbacher Bank (ehrenamtl.). Seit 1989 Mitgl. Kreistag Rems-Murr-Kreis sowie der Verbandsversammlung des Regionalverbands Stuttgart. – MdL seit 29.4.1992.

Direktmandat Wahlkreis 16 (Schorndorf)

HERBRICHT, Michael   REP

Diplombetriebswirt (FH)
Holderweg 7, 7129 Brackenheim

* 19.4.1947 Brackenheim/Kr. Heilbronn; röm.-kath., verh., 3 Kinder – Progymnasium in Brackenheim, Gymnasium in Heilbronn. Studium der Fertigungsbetriebswirtschaft an der FH Heilbronn mit Abschluß als Diplombetriebswirt (FH). Studium der Rechtswissenschaften in Heidelberg. Zur Zeit Hausmann. Mitgl. bei den Republikanern seit 1987, Kreisvors. Heilbronn und Beisitzer im Landesvorst. Mitgl. und Fraktionsvors. im Kreistag des Landkreises Heilbronn. Mitgl. der Landsmannschaft Schlesien und des Bundes der Vertriebenen. – MdL seit 24.4.1992.

Zweitmandat Wahlkreis 19 (Eppingen)

HOPMEIER, Dr. Fritz   CDU

Landtagspräsident
Urbanstraße 127, 7300 Esslingen a. N.

* 8.1.1930 Wolfratshausen; ev., verh., 1 Kind – Abitur. Studium der Rechtswissenschaft in Erlangen und Freiburg. 1. jur. Staatsexamen 1954, Promotion zum Dr. jur. Univ. Freiburg 1956, 2. jur. Staatsprüfung 1959. Seit Sept. 1959 selbständiger Rechtsanwalt, seit 1962 in Esslingen. Seit Jan. 1981 auch Notar. Mitgl. Anwaltsverein, der Rechtsanwaltskammer und der Notarkammer. Stellv. Vors. Beirat der FH für Technik in Esslingen. 1959–72 Stadtrat in Esslingen, stellv. Fraktionsvors. 1965–82 Kreisverordneter Kreistag Landkreis Esslingen, 1966–72 Vors. Kreistagsfraktion der CDU. 1971–73 Vors. Regionalkomitee Mittlerer Neckarraum der CDU. Mitgl. CDU-Kreisvorst. – MdL seit 17.5.1972; 1980–88 stellv. Fraktionsvors., 1988–92 Zweiter stellv. Landtagspräsident, seit Juni 1992 Landtagspräsident.

Direktmandat Wahlkreis 8 (Kirchheim)

HÜBNER, Dr. Claudia   CDU

Professorin
Wernhaldenstraße 10, 7000 Stuttgart 1

* 6.8.1948 Balingen; ev., verh., 1 Tochter – Abitur in Balingen. Jurastudium in Tübingen und München. 1. und 2. Staatsexamen 1972 und 1975. Staatsanwältin, Richterin am Amtsgericht in Strafsachen, Richterin am Landgericht in Zivilsachen. Seit 1981 Professorin für Zivil- und Strafrecht an der FH für öffentliche Verwaltung, Ludwigsburg (25%). Promotion auf dem Gebiet des Strafprozeßrechts. Beiratsmitgl. der Stuttgarter Bank AG. 1. Vors. Freundeskreis Wilhelma-Theater, Mitgl. im Beirat der Kunststiftung Baden-Württemberg, 1. Vors. von „Frauen in Verantwortung" (Initiative der Baden-Württembergischen Wirtschaft), Mitgl. Verwaltungsrat der Württ. Staatstheater. Bis Juli 1992 Stadträtin in Stuttgart, dort Sprecherin der CDU im Sozialausschuß, stellv. Fraktionsvors. der CDU im Rathaus Stuttgart. Mitgl. im Kreisvorst. der CDU Stuttgart. – MdL seit 24.4.1992.

Direktmandat Wahlkreis 1 (Stuttgart I)

HUND, Peter   SPD

Sozialversicherungsangestellter
Brucknerstraße 16, 7923 Königsbronn

* 16.5.1943 Sigmaringen (Donau) – Mittlere Reife an der Höheren Handelsschule in Heidenheim. Verwaltungslehre bei der AOK Heidenheim 1961–63, 1. Verwaltungsprüfung 1969, 2. Verwaltungsprüfung 1972. Seit 1970 Geschäftsstellenleiter der Betriebskrankenkasse Carl Zeiss Oberkochen für das Werk Aalen. Mitgl. der IG Metall. Seit 1979 im Kreistag. – MdL seit 6.10.1982.

Zweitmandat Wahlkreis 24 (Heidenheim)

45

JACOBI, Michael   GRÜNE

Landtagsabgeordneter
Hauptstraße 35, 7120 Bietigheim-Bissingen

* 15.11.1960 Bietigheim – Abitur in Bietigheim-Bissingen. Studium der Politischen Wissenschaft und Germanistik in Heidelberg. Mitgl. im Vorst. der Verbraucherzentrale Baden-Württemberg, Mitgl. im Beirat der Arbeitsgemeinschaft Wasserwerke Baden-Württemberg e.V, Mitgl. im Beirat d. Kunststiftung Baden-Württemberg. Seit 1984 Stadtrat der Grün-Alternativen-Liste (GAL) in Bietigheim-Bissingen. – MdL seit 14.4.1988; stellv. Sprecher der Fraktion GRÜNE im Landtag.

Zweitmandat Wahlkreis 14 (Bietigheim-Bissingen)

KEITEL, Ernst   CDU

Selbst. Bauingenieur
Kupferholzstraße 1, 7185 Rot am See

* 14.10.1939 Rot am See-Brettheim; ev., verh., 2 Kinder – Gymnasium in Crailsheim. Zweijähriges Praktikum in den Bauhauptberufen Maurer und Zimmermann. Studium Fachrichtung Bauingenieurwesen an der FH Karlsruhe, 1965 staatl. Ingenieurprüfung, Diplomingenieur (FH). Anschl. Statiker in einem Ingenieurbüro. Seit 1969 selbständig, Inhaber eines Ingenieurbüros für Baustatik. Mitgl. Baumeister- u. Ingenieurbund Baden-Württemberg. Mitgl. Verein deutscher Ingenieure (VDI). Beiratsmitgl. der Arbeitsgemeinschaft Wasserkraftwerke Baden-Württemberg e.V. Mitgl. Kreistag Schwäbisch Hall. Mitgl. Gemeinderat Rot am See. Stellv. Kreisvors. CDU Kreis Schwäbisch Hall. – MdL seit 16.4.1984.

Direktmandat Wahlkreis 22 (Schwäbisch Hall)

KIEL, Friedrich-Wilhelm   FDP/DVP

Oberbürgermeister
Kelterweg 34, 7012 Fellbach

* 17.5.1934 Berlin-Charlottenburg; ev., verh., 3 Kinder – Studium der Physik, Mathematik und Leibesübungen in Karlsruhe, 1957 Vordiplom (Physik), 1960 1. Staatsexamen, 1962 2. Staatsexamen. 1962–66 Studienrat Gymnasium Ettlingen. 1966–70 Erster Bürgermeister in Ettlingen. 1970–76 Bürgermeister in Pforzheim. Seit 1976 Oberbürgermeister in Fellbach. Vors. AR der Schwabenlandhalle Betriebsgesellschaft mbH als Vertreter der Stadt Fellbach. Stellv. Vors. des Beirats der Kunststiftung Baden-Württemberg (ehrenamtl.). Seit 1976 Vors. Ortsverein Fellbach des DRK. Mitgl. der FDP-FW-Fraktion im Kreistag Rems-Murr-Kreis seit 1979, seit 1984 Vors. Mitgl. in versch. Gremien des Städtetages BW, des Nachbarschafts- und des Regionalverbandes Stuttgart. – MdL seit 27.4.1992.

Zweitmandat Wahlkreis 15 (Waiblingen)

KIELBURGER, Bernd   SPD

Bürgermeister
Silcherstraße 20, 7535 Königsbach-Stein

* 24. 8. 1947 Pforzheim; ev., verh., 2 Kinder – Abitur am Markgrafen-Gymnasium Karlsruhe-Durlach. 1967–68 Wehrdienst. 1968–71 Studium an der PH Karlsruhe. 1971–86 Lehrer an der Heynlinschule Königsbach-Stein. Tätigkeit als Fachberater für Deutsch im Schulamtsbereich Pforzheim. Mitgl. der GEW, der Naturfreunde und der AWO. Seit Juli 1990 Bürgermeister der Gemeinde Königsbach-Stein/Enzkreis. Rundfunkrat beim SDR, Vors. des Fernsehausschusses. Vors. des Abwasserverbandes Kämpfelbachtal. Mitgl. im Kuratorium der FH für Wirtschaft in Pforzheim. Gemeinderat in Remchingen 1971–89, 1973–92 Kreisrat im Enzkreis. – MdL seit 11. 4. 1980.

Zweitmandat Wahlkreis 44 (Enz)

KIESECKER, Horst   SPD

Rechtsanwalt
Seilerstraße 6, 7470 Albstadt 2

* 24. 9. 1934 Hohentengen/Kreis Waldshut; verh., 3 Kinder – 1954 Abitur am Kepler-Gymnasium in Ulm. Studium der Rechts- und Staatswissenschaften Univ. Tübingen und Freiburg, 1958 1. jur. Staatsexamen in Freiburg. Gerichtsreferendar in Bonn und in Ulm. 1962 2. jur. Staatsexamen in Stuttgart. Gerichtsassessor in Ellwangen/Jagst. Staatsanwalt in Ulm. 1964–66 parl. Beratungsdienst beim Landtag von BW. 1966–74 Bürgermeister der Stadt Tailfingen. Seit 1975 Rechtsanwalt. Justitiar des Kreisverbands Zollernalb des Deutschen Roten Kreuzes e. V. Seit 1971 Mitgl. Kreistag des Landkreises Balingen, seit 1973 des Zollernalbkreises, Vors. der Kreistagsfraktion der SPD. Mitgl. der Kommission nach Art. 10 GG von 1984 bis Juni 1992. – MdL 1972–84 und seit 24. 4. 1992.

Zweitmandat Wahlkreis 63 (Balingen)

KIESSWETTER, Ekkehard   FDP/DVP

Rechtsanwalt
Plettenbergstraße 14, 7000 Stuttgart 1

* 13. 10. 1944 Karlsbad; kath., verh. – Gymnasium in Stuttgart, 1964 Abitur. Studium der Rechtswissenschaft in Freiburg, Hamburg und Bonn, 1968 1. Staatsexamen in Freiburg, 1972 Assessorexamen in Stuttgart. Seit 1972 selbständiger Rechtsanwalt in Stuttgart. Vors. des Stuttgarter Anwaltsvereins, Mitgl. im Geschäftsführenden Ausschuß der Arbeitsgemeinschaft Strafrecht im Deutschen Anwaltsverein. Dozent an der Anwaltsakademie für Strafprozeßrecht, Dozent an der Berufsakademie in Stuttgart Bereich Wirtschaft (Banken). 1980 Eintritt in die FDP, seit 1990 Vors. des Stuttgarter Kreisverbands, seit 1980 Bezirksbeirat und stellv. Bezirksvorsteher in Stuttgart-Ost, seit 1988 Vors. des Landesfachausschusses Rechts- und Innenpolitik der FDP Baden-Württemberg und Mitgl. im Bundesfachausschuß Recht. – MdL seit 30. 4. 1992.

Zweitmandat Wahlkreis 2 (Stuttgart II)

KIPFER, Birgit SPD

Hausfrau
Krebsbachstraße 34, 7034 Gärtringen-Rohrau

* 20.7.1943 St. Andreas berg/Harz; ev., verh., 3 Kinder – 1962 Abitur in Bremen. 1962–66 Studium Musik, Germanistik, Anglistik. 1966–86 Hausfrau. 1986–88 Referentin für Organisation beim SPD-Landesverband. 1977–82 Elternbeiratsvors. am Schickardt-Gymnasium Herrenberg. 1980–85 Jugendschöffin beim Landgericht Stuttgart. Mitgl. der Gewerkschaft HBV, Mitgl. im BUND. Mitgl. des Rundfunkrats des SDR. Stellv. Vors. der Verbraucherzentrale Baden-Württemberg (ehrenamtl.). Seit 1972 Mitgl. der SPD, Kreisvors. der SPD im Kreisverband Böblingen seit 1989. 1979–81 Mitgl. im Landesvorst. der AsF. 1981–91 Mitgl. im Landes- und Bundesvorst. der SGK. 1980–88 Mitgl. im Gemeinderat Gärtringen; seit 1979 Mitgl. im Kreistag Böblingen. – MdL seit 15.4.1988; stellv. Vors. der SPD-Fraktion.

Zweitmandat Wahlkreis 6 (Leonberg)

KLUNZINGER, Dr. Eugen CDU

Universitätsprofessor
Klaffensteinstraße 1, 7030 Böblingen

* 9.10.1938 Böblingen; ev., verh., 2 Kinder – Schulbesuch in Böblingen bis zum Abitur 1958. Studium Rechts- und Wirtschaftswissenschaften Univ. Tübingen, Hamburg, München und Kiel, 1. und 2. jur. Staatsprüfung, Promotion zum Dr. jur. Tätigkeit in der Rechtsanwaltschaft, Steuerberatung und Hochschule. Professor für Bürgerliches Recht, Handels-, Gesellschafts- und Steuerrecht an der jur. Fakultät der Univ. Tübingen. Zahlreiche wissenschaftl. Abhandlungen und Lehrbücher. 1977–87 stellv. Vors. der CDU Kreisverb. Böblingen. 1971–80 Mitgl. Gemeinderat Böblingen. – MdL seit 1.9.1979; Vors. des Ausschusses für Wissenschaft und Forschung.

Direktmandat Wahlkreis 5 (Böblingen)

KÖBERLE, Rudolf CDU

Politischer Staatssekretär
Mühlstraße 18, 7981 Fronhofen

* 29.11.1953 Fronhofen/Kreis Ravensburg; röm.-kath. ledig – Volksschule in Fronhofen, Gymnasium und Abitur in Ravensburg. Wehrdienst. Studium der Politischen Wissenschaft, Geschichte und Deutsch in Konstanz Wiss. Prüfung 1980, Päd. Prüfung 1982. 1982–92 Schuldienst am Gymnasium Weingarten. Mitgl. der CDU seit 1969; 1979–85 Kreisvors. der JU, seit 1989 Kreisvors. de CDU im Landkreis Ravensburg, seit Juni 1992 Politischer Staatssekretär im Ministerium für Kultur un Sport. – MdL seit 20.2.1990.

Direktmandat Wahlkreis 69 (Ravensburg)

KÖDER, Hans Dieter SPD

Dipl.-Verwaltungswirt (FH)
Seestraße 28, 7049 Steinenbronn

* 25.3.1940 Aalen; ev., verh., 1 erwachsene Tochter – Gymnasium in Aalen. 1956–62 Ausbildung für den gehobenen Verwaltungsdienst mit anschl. Staatsprüfung an der Staatl. Verwaltungsschule Stuttgart. 1962–65 Landratsamt Aalen. 1965–70 Innenministerium Baden-Württemberg 1970–80 Parl. Berater beim Landtag. Mitgl. Gewerkschaft ÖTV. Mitgl. SPD seit 1969, Mitgl. Sozialdemokratische Gemeinschaft für Kommunalpolitik (SGK), AWO, Europa-Union. Gemeinderat in Steinenbronn seit 1975. – MdL seit 15.4.1980; stellv. Vors. der SPD-Fraktion.

Zweitmandat Wahlkreis 5 (Böblingen)

KÖNIG, Lothar REP

Grund- und Hauptschullehrer
Höhenstraße 54, 7544 Dobel

* 8.9.1944 Neuenbürg/Württ.; ev., verh., 2 Kinder – Gymnasium und Abitur in Neuenbürg. 2 Jahre Bundeswehr. Studium an der PH Karlsruhe. Seit 1979 Lehrer an den Grund- und Hauptschulen Bad Herrenalb, Bad Wildbad und Calmbach. Vors. des Kreisverbandes Calw seit 1989, Mitgl. des Landesvorst. seit 1990 und des Landespräsidiums seit 1991 der Partei Die Republikaner. Seit 1971 Mitgl. des Gemeinderats in Dobel, seit 1974 erster Stellv. des Bürgermeisters. – MdL seit 24.4.1992.

Zweitmandat Wahlkreis 43 (Calw)

KRISCH, Wolfram REP

Geschäftsführer
Murrstraße 5, 7014 Kornwestheim

* 15.3.1934 São Paulo/Brasilien – 1948–52 Mechanikerlehre, Facharbeiter und technischer Zeichner in Stuttgart. 1953–58 Studium Staatl. Ing.-Schule Esslingen Maschinenbau und Stipendium Univ. Glasgow Flugzeugbau. 1960–62 beruflich in USA, bis 1971 sieben Jahre in Japan und Fernost. 1973 AMP Harvard University. Seit 1972 selbständig, Inhaber Firma Krisch-Dienst, Kornwestheim, Vertrieb techn. Geräte und Anlagen und Geschäftsführer Firma Inca Maschinen GmbH, Kornwestheim, Vertrieb von Maschinen und Anlagen der Umformtechnik. 1967–83 Mitgl. SPD. 1983 Gründungsmitgl. der Republikaner; 1983–87 Mitgl. im REP-Landesvorst. und Landespräsidium. REP-Kreisvors. in Ludwigsburg. 1989–92 Stadtrat in Ludwigsburg. Seit 1989 Kreisrat in Ludwigsburg. – MdL seit 29.4.1992.

Zweitmandat Wahlkreis 12 (Ludwigsburg)

KUHN, Fritz   GRÜNE

Sprachwissenschaftler, Fraktionsvorsitzender
Kilianstraße 17, 7000 Stuttgart 60

* 29.6.1955 Bad Mergentheim, aufgewachsen in Memmingen; verh., 1 Sohn – Schule und Abitur 1974 in Memmingen. Studium der Germanistik und Philosophie in München und Tübingen, Magisterexamen 1980. Danach Tätigkeit als wissenschaftl. Assistent in Augsburg 1981–82; wiss. Berater der grünen Landtagsfraktion 1983–84. Nach 1988 Lehrbeauftragter, u.a. an der Kunstakademie Stuttgart. Seit April 1989 Professur für sprachl. Kommunikation an der Stuttgarter Merz-Akademie, beurlaubt seit Aug. 1992. Selbständige Tätigkeit als Sprachwissenschaftler. Seit 1979 Mitgl. der GRÜNEN, 1979–80 Mitgl. Kreisvorst. in Tübingen, 1980–82 Landesvorst. 1991–92 Landesvorstandssprecher der GRÜNEN Baden-Württembergs. Mitgl. der GEW und der Deutschen Gesellschaft für Sprache (DGfS) – MdL 1984–88, Fraktionsvors. 1992 erneut MdL und Vors. der Fraktion GRÜNE.

Zweitmandat Wahlkreis 2 (Stuttgart II)

KURZ, Rolf   CDU

Geschäftsführer
Haldenstraße 44, 7012 Fellbach-Schmiden

* 17.1.1935 Fellbach; ev., verh., 4 erwachsene Söhne – Gymnasium und Mittlere Reife in Fellbach. Wirtschaftsschule in Stuttgart und kaufm. Lehre in einem internat. Unternehmen der Verkehrswirtschaft. Seit 1968 selbständig, Alleingesellschafter und Geschäftsführer der Firmengruppe KURZ GmbH, Spedition und Lagereibetriebe, Fellbach und der Firma Friedrich KURZ KG, Vermietung von gewerblichen Liegenschaften, Fellbach. Vorstandsmitgl. der Fellbacher Bank e.G. Präs. des Bundes der Selbständigen – Deutscher Gewerbeverband – Landesverband Baden-Württemberg, Vorstandsvors. des Versorgungswerks für mittelständische Unternehmer e.V., Stuttgart. 1962–66 Kreisvors. JU. 1971–89 Mitgl. Gemeinderat der Stadt Fellbach, damals Vors. der CDU-Fraktion und ehrenamtl. Stellv. des OB. Seit 1980 Mitgl. Kreistag und dessen stellv. Vors. Kreisvors. der CDU seit 1991. – MdL seit 13.4.1984; stellv. Vors. CDU-Fraktion.

Direktmandat Wahlkreis 15 (Waiblingen)

LANG, Dr. Karl   CDU

Rechtsanwalt
Achalmstraße 23, 7014 Kornwestheim

* 18.10.1929 Kornwestheim; röm.-kath., verh., 2 Kinder – Abitur in Ludwigsburg. Studium der Rechtswissenschaft in Tübingen, 1. Staatsexamen 1953, Assessorexamen 1957. Jur. Sachbearbeiter beim Stuttgarter Haus- und Grundbesitzerverein e.V. 1957–64. Seit 196. bis heute Geschäftsführer des Landesverbandes Württembergischer Haus- und Grundeigentümer e.V., Vizepräs. Zentralverb. der Deutschen Haus-, Wohnungs und Grundeigentümer e.V. in Düsseldorf. Seit 1964 selbständiger Rechtsanwalt mit eigener Praxis in Stuttgart Mitgl. Anwaltsverein. Seit 1959 Stadtrat und Fraktionsvors. CDU im Gemeinderat der Stadt Kornwestheim 1965 Wahl in den Kreistag Landkreis Ludwigsburg und seit 1977 Fraktionsvors. CDU-Kreistagsfraktion. – MdL seit 8.4.1980; Vors. Ständiger Ausschuß.

Direktmandat Wahlkreis 12 (Ludwigsburg)

LAZARUS, Ursula   CDU

Studiendirektorin
Maximilianstraße 30, 7570 Baden-Baden

* 19.9.1942 Baden-Baden; kath., ledig – 1961 Abitur. Studium der Fächer Mathematik und Physik in Freiburg und Innsbruck. 1966 1. Staatsexamen, 1968 2. Staatsexamen. 1968–83 am Tulla-Gymnasium in Rastatt, seit 1983 stellv. Schulleiterin am Windeck-Gymnasium in Bühl, seit Juli 1992 beurlaubt. Mitgl. im Verwaltungsrat der BKV (Bäder- und Kurverwaltung). Mitgl. AR der städt. Parkgaragengesellschaft, Mitgl. AR der GSE (städt. Baugesellschaft). Ehrenamtl. Tätigkeit im kirchlichen Bereich. Seit 1975 Stadträtin in Baden-Baden, seit 1989 Vors. der CDU-Stadtratsfraktion. 1977–90 Kreisvors. der Frauen-Union Baden-Baden, stellv. Bezirksvors. der CDU Nordbaden und der Frauen-Union Nordbaden. – MdL seit 24.4.1992.

Direktmandat Wahlkreis 33 (Baden-Baden)

LEICHT, Hugo   CDU

Politischer Staatssekretär a.D.
Tiefenbronner Straße 53, 7530 Pforzheim

* 29.9.1934 Freiburg; kath., verh., 5 Kinder – Gymnasium. Studium der Geographie, Geschichte und Englisch an den Univ. Heidelberg und Freiburg, Staatsexamen. Bis 1991 Lehrer am Gymnasium Neuenbürg und am Kepler-Gymnasium Pforzheim. Zeitweise Dozent für Englisch an der Abendrealschule und an der VHS Pforzheim. Mitgl. Verwaltungsrat des Bad. Staatstheaters, Mitgl. Kuratorium der Landeszentrale für politische Bildung. Mitgl. der CDU seit 1959, Vors. CDU-Kreisverb. Enzkreis/Pforzheim, Mitgl. Bundesfachausschuß Kulturpolitik der CDU bis 1992. 1971–80 Mitgl. Gemeinderat der Stadt Pforzheim. 1973–89 Mitgl. Verbandsversammlung der Region Nordschwarzwald. Mitgl. Schutzgemeinschaft Deutscher Wald und Mitgl. Deutscher Alpenverein. Jan. 1991 bis Juni 1992 Politischer Staatssekretär im Ministerium für Kultus und Sport. – MdL seit 16.5.1972; 1987–91 stellv. Vors. CDU-Fraktion.

Direktmandat Wahlkreis 42 (Pforzheim)

LIST, Manfred   CDU

Oberbürgermeister
Posener Straße 91, 7120 Bietigheim-Bissingen

* 5.5.1936 Stuttgart; kath., verh., 4 Kinder – Gymnasium, Mittlere Reife. Ausbildung zum gehobenen nichttechnischen Verwaltungsdienst in Stuttgart, Staatsprüfung 1958. Tätig im Landratsamt und in der Stadtverwaltung Böblingen. 1961–70 Bürgermeister der Stadt Haiterloch. 1970–75 Bürgermeister (1. Beigeordneter) der Stadt Bietigheim, seit Juni 1975 OB der Stadt Bietigheim-Bissingen. Vors., stellv. Vors. bzw. Mitgl. von Aufsichtsgremien im kommunalen und regionalen Bereich sowie auf Landesebene; ferner u.a. Beiratsvors. Fa. Omnibus Spillmann GmbH, stellv. Vors. Verwaltungsrat Kreissparkasse Ludwigsburg, alternierender Vors. der Vertretervers. der AOK Ludwigsburg – Bietigheim. Stellv. Vors. Zweckverband „Industriegebiet Laiern". Seit 1979 Mitgl. Kreistag Ludwigsburg und Verbandsversammlung Regionalverband Mittlerer Neckar, seit 1990 stellv. Verbandsvors. Seit 1984 Kreisvors. der KPV der CDU. – MdL seit 1.8.1991.

Direktmandat Wahlkreis 14 (Bietigheim-Bissingen)

LORENZ, Eberhard SPD

Diplomingenieur (FH), Gewerbeschulrat
Reutlinger Straße 54, 7900 Ulm

* 16.8.1942 Treffurt/Werra, seit 1954 in Ulm – Volksschule, vier Jahre Oberrealschule. Lehre als Elektromechaniker in Ulm. 2. Bildungsweg, Ingenieur der Elektrotechnik-Nachrichtentechnik, Dipl.-Ing. (FH). Sieben Jahre Entwicklung im Bereich Ortungsgeräte. Ab 1972 über ein Zusatzstudium Gewerbelehrer, bis 1976 in Göppingen, danach in Ulm Gewerbeschulrat an der Robert-Bosch-Schule. Mitgl. IG Metall und GEW. SPD-Mitgl. 1963. 1969–71 Landesvors. der Jungsozialisten. Stadtrat in Ulm 1971–89, 1976–80 Fraktionsvors. Mitgl. AWO, Naturfreunde, DLRG, Kinderschutzbund, 1979–90 Vors. ASB Ulm/Neu-Ulm. – MdL seit 11.4.1980.

Zweitmandat Wahlkreis 64 (Ulm)

LORENZ, Hans CDU

Gärtnermeister
Im Dosenwald 3, 6915 Dossenheim

* 29.10.1954 Heidelberg; ev., verh., 2 Kinder – Bunsen-Gymnasium in Heidelberg, Mittlere Reife. Gärtnerlehre. Berufspraxis im elterlichen Betrieb. Gärtnermeisterprüfung in der Gartenbauschule Heidelberg. Mitgl. Prüfungsausschüsse für Gärtnerprüfung und Meisterprüfung. Stellv. Kreisgärtnermeister. Selbständiger Gärtnermeister. Gemeinderat seit 1980. Seit 1984 Vors. der CDU/JU-Gemeinderatsfraktion. – MdL seit 16.4.1988.

Direktmandat Wahlkreis 39 (Weinheim)

MAURER, Ulrich SPD

Rechtsanwalt, Fraktionsvorsitzender
Kyffhäuserstraße 79, 7000 Stuttgart 30

* 29.11.1948 Stuttgart; kath., verh., 2 Kinder – Abitur i. Stuttgart. Studium der Rechtswissenschaften in Tübingen. 1. Staatsexamen 1974, Assessorexamen 1977; sei dem selbständiger Rechtsanwalt. Mitgl. ÖTV, AWO un Naturfreunde. Mitgl. West-Ost-Gesellschaft, Mitgl. Ve waltungsrat Landesgirokasse und Aufsichtsrat der Bau genossenschaft Feuerbach-Weilimdorf. Landesvor SPD Baden-Württemberg. Mitgl. Gemeinderat der Stac Stuttgart 1971–80. – MdL seit 10.4.1980; Vors. SPD-Fra tion.

Zweitmandat Wahlkreis 3 (Stuttgart III)

MAUS, Dr. Robert   CDU

Landrat
Neureben 1, 7702 Gottmadingen

* 9.6.1933 Singen am Hohentwiel; röm.-kath., verh., 3 Kinder – 1953 Abitur. 1953–57 Studium der Rechts- und Staatswissenschaften Univ. Heidelberg, Bonn und Freiburg. 1957 1., 1961 2. jur. Staatsexamen. 1962 Dr. jur. 1961–69 im Justizdienst des Landes Baden-Württemberg als Notar, Richter und Staatsanwalt, abgeordnet zum Generalbundesanwalt und zum Oberlandesgericht Karlsruhe. Ab 1970 Bürgermeister in Gottmadingen, Mitgl. Kreistag, seit 1973 Landrat Landkreis Konstanz. Vors. Verwaltungsrat Jugendwerk Gailingen e. V. und des SWF Baden-Baden, Vors. AR der Werbegesellschaft im SWF. Mitgl. Verwaltungsrat ÖVA Mannheim, der Kraftwerks Laufenburg und der Bezirkssparkasse Gottmadingen. Beiratsmitgl. Badenwerke AG, Karlsruhe. Ehrenamtl. Vors. Kreisverb. Konstanz des DRK und Mitgl. Präsidium DRK-Landesverb. Baden. Vizepräs. Verein der Freunde und Förderer und seit 1991 Ehrensenator der Univ. Konstanz. Mitgl. Verbandsvers. Region Hochrhein-Bodensee. – MdL seit 16.5.1972; Vors. Innenausschuß.
Direktmandat Wahlkreis 57 (Singen)

MAUZ, Dr. Paul-Stefan   CDU

Arzt
Hirschaustraße 22, 7453 Burladingen 1

* 28.2.1960 Stuttgart; kath., ledig – Kath. Internatsschule bis zur Mittleren Reife in Weissenhorn (Claretinerkolleg), Abitur in Albstadt. Studium der Humanmedizin in Tübingen, 1986 Ärztliche Prüfung, 1988 Promotion zum Dr. med. Grundwehrdienst als Stabsarzt. Assistenzarzt und wissenschaftl. Angestellter an der Universitäts-Hals-Nasen-Ohren-Klinik in Tübingen. 1985–91 Bezirksvors. der JU Württemberg-Hohenzollern und Mitgl. Landesvorst. der JU. Stadtrat in Burladingen seit 1984, Kreisrat seit 1989. Mitgl. Verwaltungsrat der Württ. Staatstheater. – MdL seit 21.4.1988.

Direktmandat Wahlkreis 61 (Hechingen-Münsingen)

MAYER-VORFELDER, Gerhard   CDU

Finanzminister
Einsteinstraße 106, 7000 Stuttgart 50

* 3.3.1933 Mannheim; kath., verh., 4 Kinder – Abitur in Freiburg. Studium der Rechtswissenschaft in Freiburg und Heidelberg, 1. Staatsexamen 1955, Assessorexamen 1959. 1959–63 beim Landratsamt Nürtingen, 1963–66 Innenministerium, 1966–76 Staatsministerium, 1971–76 Leiter der Grundsatzabteilung. 1976–78 Pol. Staatssekretär im Staatsministerium, 1978–80 Staatssekretär mit Kabinettsrang im Finanzministerium. 1980–91 Minister für Kultus und Sport, seit 1991 Finanzminister. Seit Dez. 1984 Mitgl. BRat. Vors. Verwaltungsrat Landeskreditbank BW. Vors. AR Staatl. Toto-Lotto-GmbH, Badenwerk AG und BW-Bank AG. Mitgl. Verwaltungsräte Landesgirokasse und Kreditanstalt f. Wiederaufbau. Ehrenamtl. Präs. VfB Stuttgart seit 1975. Ehrenmitgl. Württ. Fußballverb., Ligaausschußvors. des DFB. Mitgl. CDU-Landesvorst. seit 1977; Kreisvors. CDU Stuttgart seit 1979. – MdL seit 9.4.1980.

Direktmandat Wahlkreis 2 (Stuttgart II)

MEYER, Wolfram   CDU

Oberstudiendirektor
Wehrastraße 2, 7500 Karlsruhe 51

* 27.12.1931 Karlsruhe; kath., verh., 1 Tochter – Gymnasium und Abitur 1951 in Karlsruhe. Studium der Wirtschaftswissenschaften (Wirtschaftspädagogik) in Karlsruhe und Mannheim, 1955 Examen als Dipl.-Handelslehrer, 1956 Assessorenexamen. Seit 1955 im Schuldienst des Landes Baden-Württemberg, 1977 Oberstudiendirektor der Ludwig-Erhard-Schule (kaufm. Schule) in Karlsruhe. Mitgl. Verband der Lehrer an Wirtschaftsschulen in Baden-Württemberg. Verwaltungsratsmitgl. Sparkasse Karlsruhe, Aufsichtsratsmitgl. Karlsruher Kongreß- und Ausstellungsgesellschaft, Mitgl. Verwaltungsrat Bad. Staatstheater. Mitgl. JU und CDU seit 1957. 1963–66 Vors. JU Karlsruhe. Kreisvors. der CDU Karlsruhe 1984–92. Mitgl. Gemeinderat der Stadt Karlsruhe seit 1965. – MdL seit 12.4.1984.

Direktmandat Wahlkreis 28 (Karlsruhe II)

MOGG, Walter   SPD

Wiss. Angestellter
Lärchenstraße 9, 7432 Bad Urach-Sirchingen

* 20.8.1937 Nagold; röm.-kath., verh., 2 Kinder – Gymnasium in Nagold, Lehreroberschule und Abitur in Saulgau. Pädagogikstudium und 1. Dienstprüfung für das Lehramt an Volksschulen am Pädagogischen Institut Weingarten. 1958–62 Lehrer an Volksschulen in Baden-Württemberg, davon 2 Jahre an der Katholischen Privaten Sonderschule für geistig behinderte Kinder in Liebenau/Tettnang. Studium der Pol. Wissenschaft, Geschichte und Pädagogik in Tübingen. Seit 1966 Wissenschaftl. Angestellter der Univ. Hohenheim am Institut für Sozialwissenschaften, Fachgebiet Politische Wissenschaft. Seit 1982 Lehrauftrag am Institut für Politische Wissenschaft Univ. Stuttgart: Internationale Politik. Mitgl. ÖTV. Mitgl. Stiftungsrat der Stiftung Entwicklungszusammenarbeit BW. Eintritt in die SPD 1969; 1979 Vors. SPD-Ortsverein Bad Urach. 1981 Stellv. SPD-Kreisvors. in Reutlingen. – MdL seit 16.4.1984.

Zweitmandat Wahlkreis 61 (Hechingen-Münsingen)

MÜHLBEYER, Hermann   CDU

Politischer Staatssekretär a.D.
Oststraße 36, 7107 Bad Friedrichshall

* 5.5.1939 Bad Friedrichshall-Jagstfeld; kath., 3 Kinder – Volksschule. 1953–56 Lehre als Bergmann, Knappenprüfung, bis 1962 im Steinsalzbergwerk Bad Friedrichshall-Kochendorf unter Tage tätig. 1962 Besuch des Kath Sozialinstituts Hohenaschau/Obb., schulwissenschaftl Prüfungen. 1963–66 Studium an der FH für Sozialarbeit in Freiburg. 1966 Staatsexamen für Sozialarbeit und Wohlfahrtspflege und staatl. Prüfungen für die Erteilung von Sport- und Werkunterrricht. In versch. Bereicher der Sozialarbeit tätig. 1973–84 Referatsleiter im Kreisjugend- und Sozialamt Heilbronn. 1984–92 Politische Staatssekretär im Ministerium für Arbeit, Gesundheit Familie und Frauen. Mitgl. AR Südwestdeutsche Stahlwerke AG Heilbronn und Beirat Landeskreditbank BW 2. Vors. CDU-Kreisverb. Heilbronn. Mitgl. Landesvors CDU; Landesvors. CDA Baden-Württemberg, stell Bundesvors. CDA. – MdL seit 1.10.1973; Mitgl. Fraktionsvorst. 1974–84;Vors. Sozialausschuß.

Direktmandat Wahlkreis 20 (Neckarsulm)

MÜLLER, Ulrich CDU

IHK-Hauptgeschäftsführer
Schlierer Straße 67, 7980 Ravensburg

* 11.12.1944 Schwäbisch Hall; ev., verh., 4 Kinder – 1965 Abitur. 2 Jahre Zeitsoldat. 1967–72 Studium der Rechtswissenschaften in Tübingen, 1972–75 Referendar, 1975 2. jur. Staatsexamen. 1975–77 Wirtschaftsrat der Con e.V. in Bonn. 1977–80 Staatsministerium Baden-Württemberg. 1980–82 Parl. Berater der CDU-Fraktion (Finanzpolitik), Parlamentsrat a.D. Bis 1982 tätig in der pol. Bildungsarbeit als Dozent und Autor. Seit Febr. 1983 Hauptgeschäftsführer der IHK Bodensee-Oberschwaben. Ehrensenator der FH Ravensburg. 1985–92 Mitgl. Rundfunkrat des SWF. Über mehrere Jahre Funktionen im CDU-Bezirksverband und in der CDU-Mittelstandsvereinigung. Initiator und Gründungsmitgl. Verein zur Förderung von Zweiteinkommen für die Landwirtschaft der Region Bodensee-Oberschwaben (VZBO). – MdL seit 27.4.1992.

Direktmandat Wahlkreis 67 (Bodensee)

MÜLLER, Dr. Walter SPD

Arzt
Unterlimpurger Straße 26, 7170 Schwäbisch-Hall

* 3.9.1943 Schwäbisch Hall; verh., 3 Kinder – Schulausbildung bis zum Abitur 1962 in Schwäbisch Hall. Militärdienst. Studium der Medizin 1964–70 in Heidelberg. Facharztausbildung zum Arzt für Frauenheilkunde und Geburtshilfe. Seit 1976 zunächst allein und später in einer Gemeinschaftspraxis als niedergelassener Frauenarzt in Schwäbisch Hall tätig. Mitgl. AR der Stadtwerke Schwäbisch Hall. Seit 1969 Mitgl. SPD. Seit 1979 Fraktionsvors. der SPD im Schwäbisch Haller Gemeinderat. – MdL seit 28.4.1992.

Zweitmandat Wahlkreis 22 (Schwäbisch Hall)

NAGEL, Max SPD

Gewerkschaftssekretär
Stolzeneckstraße 43, 6800 Mannheim 81

* 31.10.1949 Mannheim; verh., 1 Kind – Volksschule, anschl. Höhere Handelsschule mit Abschluß Mittlere Reife. Ausbildung zum Industriekaufmann, Kaufmannsgehilfenbrief. Danach Tätigkeit in der Rechtsabteilung eines Unternehmens der Bauindustrie. Ab 1974 hauptamtl. Tätigkeit bei Gewerkschaften, seit 1985 bis heute Kreisvors. des DGB in Mannheim. Alternierender Vorstandsvors. der AOK. Mitgl. Gemeinderat der Stadt Mannheim, stellv. Vors. der SPD-Fraktion Dez. 1989 bis Juni 1992. – MdL seit 24.4.1992.

Direktmandat Wahlkreis 35 (Mannheim I)

ÖSTREICHER, Karl CDU

Landwirtschaftsmeister
Haus Nr. 8, 7186 Blaufelden-Ehringshausen

* 23.3.1931 Rot am See-Kühnhardt; ev., verh., 4 Kinder – Volksschule. Landwirtschaftl. Berufsausbildung, Fachschulen, Abschluß mit Landwirtschaftsmeister. Selbständiger Landwirt. Mitgl. der CDU seit 1970, Vors. CDU-Gemeindeverb. Blaufelden; Vors. CDU-Bezirksagrarausschuß Nordwürttemberg. – MdL seit 28.12.1979.

Direktmandat Wahlkreis 21 (Hohenlohe)

OETTINGER, Günther H. CDU

Rechtsanwalt, Fraktionsvorsitzender
Aspergstraße 5, 7257 Ditzingen

* 15.10.1953 Stuttgart; ev., ledig – Abitur in Korntal. Studium der Rechtswissenschaft und Volkswirtschaft in Tübingen. 1. jur. Staatsprüfung 1978, 2. jur. Staatsprüfung 1982. Als Assessor angestellter Mitarbeiter eines Wirtschaftsprüfers und Steuerberaters. Rechtsanwalt seit 1984. Seit 1988 Partner in der Rechtsanwalts- und Steuerberatungs-Sozietät Oettinger und Partner, Ditzingen, Fachanwalt für Steuerrecht seit 1989. Landesvors. der JU Baden-Württemberg 1983–89; Vors. der CDU Ditzingen 1977–85. Stadtrat seit 1980, Kreisrat seit 1979. Vorstands- und Präsidiumsmitgl. der CDU Baden-Württemberg und der CDU Nord-Württemberg. Mitgl. Beirat der Kunststiftung Baden-Württemberg Mitgl. Verwaltungsrat der Württembergischen Staatstheater und der Landesgirokasse. – MdL seit 12.4.1984; Vors. der CDU-Fraktion seit Febr. 1991.

Direktmandat Wahlkreis 13 (Vaihingen)

OFFERMANNS, Liane REP

Büroangestellte
Seilerweg 37, 7800 Freiburg-Hochdorf

* 28.7.1964 Haslach im Kinzigtal; kath., ledig, 1 Tochter – Realschule mit Abschluß 1983 in Freiburg/Br. 1983–85 beschäftigt als Verkäuferin. Danach Hausfrau und Mutter. Büroangestellte der Fraktion Die Republikaner im Gemeinderat der Stadt Freiburg. Schriftführerin des Kreisverbands Freiburg der Partei Die Republikaner und Delegierte für den Bezirks- und Landesparteitag seit Dez. 1991. – MdL seit 29.4.1992.

Zweitmandat Wahlkreis 53 (Rottweil)

OHNEWALD, Dr. Helmut   CDU

Minister a. D.
Gemeindehausstraße 5, 7070 Schwäbisch Gmünd

* 10.10.1936 Schwäbisch Gmünd; kath., verh., 2 Kinder – Abitur in Schwäbisch-Gmünd. Studium der Rechtswissenschaft in Tübingen und München. 1. Staatsexamen 1959, Assessorexamen 1963; danach Ausbildung als Finanzassessor u. a. an der Bundesfinanzakademie in Bonn und der Oberfinanzdirektion Stuttgart; anschl. in der Steuerverwaltung des Landes Baden-Württemberg. 1968–73 im Stuttgarter Finanzministerium, pers. Referent von Finanzminister Robert Gleichauf. 1973–91 Vorsteher des Finanzamts Schwäbisch-Gmünd. Jan. 1991 bis Juni 1992 Justizminister. Mitgl. AR der Schwäbischen Hüttenwerke GmbH, Aalen-Wasseralfingen (Landesvertreter). Mitgl. im Beirat der Landeskreditbank. Mitgl. Rundfunkrat SDR. – MdL seit 11.4.1980.

Direktmandat Wahlkreis 25 (Schwäbisch Gmünd)

PFISTER, Ernst   FDP/DVP

Oberstudienrat
Achauer Straße 20, 7218 Trossingen

* 28.4.1947 Trossingen; ev., verh., 2 Kinder – Gymnasium und Abitur in VS-Schwenningen. 1967–68 Soldat der Bundeswehr. Studium der Politikwissenschaften, Germanistik und Sportwissenschaften in Tübingen und Freiburg. 1973 Wissenschaftl. Prüfung, 1974 Pädagogische Prüfung. Seit 1975 Unterricht am Hoptbühl-Gymnasium in VS-Villingen, bis 1980 Mitgl. Personalrat und Personalratsvors. Mitgl. Beirat. AG Wasserkraftwerke Baden-Württemberg. Präs. des Deutschen Harmonika Verbands (DHV). Stellv. Vors. FDP-Landesverb. Baden-Württemberg. Mitgl. Gemeinderat Stadt Trossingen, stellv. Bürgermeister. Mitgl. Kreistag Landkreis Tuttlingen. Stellv. Vors. Verwaltungsrat der Reinhold-Maier-Stiftung. – MdL seit 18.4.1980; stellv. Vors. FDP/DVP-Fraktion.

Zweitmandat Wahlkreis 55
(Tuttlingen-Donaueschingen)

PUCHTA, Dr. Dieter   SPD

Professor
Herrenacker 4, 7893 Jestetten 2

* 1.8.1950   Sulzburg/Kreis   Breisgau-Hochschwarzwald; ev., verh., 2 Töchter – 1970 Abitur. Studium von Volks- und Betriebswirtschaft sowie Verwaltungswissenschaften Univ. Freiburg und Konstanz. 1974 Diplomvolkswirt. 1979 Pädagogische Prüfung für das höhere Lehramt an kaufm. Schulen. 1981 Promotion zum Dr. rer. soc. Berufl. Tätigkeiten u. a. als Assistent einer Steuerberatungsgesellschaft, als Studienrat an beruflichen Schulen, als Dozent und Lehrbeauftragter für VWL und BWL und als Pädagog. Leiter eines Verlages in Zürich/Schweiz. Prof. für Allgemeine Betriebswirtschaftslehre an der FH Konstanz. Mitgl. Kuratorium Landesgirokasse Stuttgart. Mitgl. SPD seit 1970. Seit 1984 SPD-Fraktionsvors. im Gemeinderat Jestetten und Mitgl. Kreistag. Seit 1987 Vors. SPD-Kreisverb. Waldshut. – MdL seit 15.4.1988; Vors. Finanzausschuß.

Zweitmandat Wahlkreis 59 (Waldshut)

RAPP, Klaus REP

Offsetdrucker
Wallbergallee 91a, 7530 Pforzheim

* 13.1.1952 Pforzheim – Volksschule in Ispringen und Pforzheim. 1967–70 Lehre als Buchdrucker in Pforzheim, Besuch der Berufsfachschule. 1981 Geschäftsgründung der Druckerei Klaus Rapp, Pforzheim, seit 1987 auch Inhaber der Druckerei Straubenger, Pforzheim. Mitgl. in mehreren örtlichen Vereinen. Seit 1989 Mitgl. Kreisverband Pforzheim und Enzkreis der Republikaner, seit Okt. 1991 Kreisvors. – MdL seit 28.4.1992; stellv. Vors. Fraktion Die Republikaner.

Zweitmandat Wahlkreis 44 (Enz)

RAU, Helmut CDU

Geschäftsführer
Maria-Theresia-Straße 20, 7833 Endingen

* 24.4.1950 Tübingen; ev., verh., 2 Kinder – Abitur in Nürtingen. Studium der Anglistik und der Pol. Wissenschaften in Bonn und Freiburg, 1975 Magisterexamen. 1975–88 Leiter des Bildungswerks Freiburg der Konrad-Adenauer-Stiftung. Seit Mai 1988 Bezirksgeschäftsführer der CDU Südbaden. Geschäftsführer der UNION-Verlag GmbH, Freiburg. Seit 1987 Mitgl. des Bezirksvorst. der CDU Südbaden. 1987–91 stellv. Vors. des CDU-Kreisverbandes Emmendingen. Seit 1989 Mitgl. Bundesparteiausschuß der CDU. – MdL seit 27.4.1992.

Direktmandat Wahlkreis 50 (Lahr)

REBHAN, Josef CDU

Techn. Oberlehrer
Rathausstraße 5, 7217 Wellendingen 1

* 23.3.1937 Wellendingen; kath., verh., 3 Kinder – Volks- und Berufsschule. Werkzeugmacherlehre, 1960 Handwerksmeisterprüfung. 1961 Abteilungsleiter. 1969 Industriemeisterprüfung. 1969 Sonderlehrgang an der Berufspädagogischen Hochschule Stuttgart. 1971 Mittlere Reifeprüfung als Externer. 1974 Technischer Oberlehrer an den Gewerblichen Schulen Rottweil. Gründungsmitgl. des JU-Kreisverb. Rottweil, mehrere Jahre Kreisvors. 1969–86 stellv. CDU-Kreisvors., seit 1986 Kreisvors. der CDU Rottweil. 1971–89 Mitgl. Kreistag Rottweil. Mitgl. der Regionalverbandsvers. Schwarzwald-Baar-Heuberg. – MdL seit 8.4.1980; Vors. Petitionsausschuß.

Direktmandat Wahlkreis 53 (Rottweil)

RECH, Heribert CDU

Rechtsanwalt
Im Kirchbrändel 12, 7525 Bad Schönborn

* 25.4.1950 Östringen; kath., verh., 2 Kinder – Abitur in Heidelberg. Studium der Rechtswissenschaften in Heidelberg, 1977 1. Staatsexamen, 1979 Assessorexamen. Seitdem Rechtsanwalt, Teilhaber in der Bruchsaler Anwaltssozietät Friedmann und Partner. Verwaltungsrat der Sparkasse Bad Schönborn, Beirat der Thermal-Sole-Bewegungsbad GmbH, Bad Schönborn. Stellv. Bürgermeister und Vors. der CDU-Fraktion im Gemeinderat von Bad Schönborn. Seit 1984 im Kreistag des Landkreises Karlsruhe. Seit 1984 Mitgl. im Regionalverband Mittlerer Oberrhein. – MdL seit 27.4.1992.

Direktmandat Wahlkreis 29 (Bruchsal)

REDDEMANN, Ludger CDU

Politischer Staatssekretär
Am Pfeiferberg 4, 7815 Kirchzarten

* 22.7.1938 Coesfeld; kath., verh., 4 Kinder – Volksschule. Landwirtschaftl. Lehre, Kath. Landvolkhochschule St. Ulrich, Besuch der Bauernschule Tiengen, Fachschulbesuch, Meisterprüfung 1963. Selbständig mit eigenem landwirtschaftl. Betrieb. Seit 30.1.1991 Politischer Staatssekretär im Ministerium f. Ländlichen Raum, Ernährung, Landwirtschaft und Forsten. Mitgl. CDU-Bezirksvorst. Südbaden 1975–87. Mitgl. Kreistag 1971–89. Kreisvors. CDU 1975–78. – MdL seit 11.4.1980.

Direktmandat Wahlkreis 46 (Freiburg I)

REDLING, Julius SPD

Richter am Arbeitsgericht a.D.
Hansjakobweg 7, 7733 Mönchweiler

* 23.8.1947 Ettlingen; kath., verh., 2 Töchter – Volksschule in Langensteinbach, Höhere Handelsschule in Ettlingen. Industriekaufmannslehre. Sachbearbeiter im Verkauf. Studium an der FH für Wirtschaft in Pforzheim, Examen Sommersemester 1972 (Betriebswirt grad.); Studium der Rechtswissenschaften in Freiburg, 1. Staatsexamen 1977, 2. Staatsexamen 1979. Richter beim Landgericht in Karlsruhe, Richter beim Arbeitsgericht in Freiburg, Außenkammern Villingen-Schwenningen seit August 1980. Mitgl. der Gewerkschaft ÖTV und der AWO; Mitgl. im Deutschen Richterbund. Stellv. Kreisvors. der SPD im Schwarzwald-Baar-Kreis. – MdL seit 7.1.1986.

Zweitmandat Wahlkreis 54 (Villingen-Schwenningen)

REIMANN, Max REP

Rentner
Trogäckerweg 8, 7333 Ebersbach/Fils

* 11.7.1930 Hohenlinde Beuthen O/S; ev., verh., 2 Kinder – Volksschule in Freiwalde im Spreewald. Lehre als Schneider für Damen- und Herrenoberbekleidung in Stendal in der Altmark. Einige Jahre im erlernten Beruf tätig, in der Industrie, 10 Jahre Selbständigkeit. 15 Jahre Tätigkeit in der Verwaltung. Kreisvors. der Republikaner seit 1984 Kreis Göppingen, Mitgl. des Landesvorst. – MdL seit 24.4.1992.

Zweitmandat Wahlkreis 10 (Göppingen)

REINELT, Peter   SPD

Staatssekretär
Märktweg 80, 7858 Weil am Rhein 5

* 13.7.1939 Bad Landeck/Schlesien; kath., verh., 2 Kinder – Grundschule in Gehrde (Kr. Bersenbrück) und Schlechtnau (Kr. Lörrach), Progymnasium Schönau im Schwarzwald, Gymnasium in Schopfheim und Freiburg/Br. Studium der Politologie, Geschichte und Germanistik Univ. Freiburg/Br. und an der Freien Univ. Berlin. Oberstudienrat am Kant-Gymnasium Weil am Rhein, seit 1983 beurlaubt. Seit Juni 1992 Staatssekretär im Umweltministerium. Seit 1981 Vors. SPD-Kreisverb. Lörrach. – MdL seit 5.5.1976; 1984–92 stellv. Vors. der SPD-Fraktion.

Zweitmandat Wahlkreis 58 (Lörrach)

REINHART, Dr. Wolfgang   CDU

Rechtsanwalt
Tannenweg 3, 6972 Tauberbischofsheim

* 3.5.1956 Bad Mergentheim; verh. – Studium der Rechtswissenschaft und politischen Wissenschaft mit jeweiligem Abschluß, Staatsexamen und Magisterprüfung. Tätigkeiten als wiss. Mitarbeiter an der Univ. Mannheim. Seit 1985 selbständiger Rechtsanwalt in Tauberbischofsheim. Daneben seit 1987 Lehrbeauftragter an der FH Heilbronn im Arbeits- und Wirtschaftsrecht. Inhaber und Bewirtschafter eines 5-ha-Weingutes. Seit 1979 Mitgl. Kreistag im Main-Tauber-Kreis; Mitgl. Regionalverband Region Franken. Seit 1976 im Kreisvorst. der CDU im Main-Tauber-Kreis, seit 1987 Kreisvors. 1977–81 Kreisvors. der JU und Mitgl. im Bezirksvorst. Nordwürttemberg. Seit 1979 Delegierter zu Landes- und Bundesparteitagen der CDU. – MdL seit 24.4.1992.

Direktmandat Wahlkreis 23 (Main-Tauber)

REMPPEL, Dieter CDU

Diplomingenieur (FH), Unternehmensberater
Schurwaldstraße 1, 7327 Adelberg

* 16.9.1940 Adelberg bei Göppingen; ev., verh., 2 Kinder – Volksschule in Adelberg. Werkzeugmacherlehre. Fachhochschulabschluß 1964. Ingenieurtätigkeit. 1968–79 Geschäftsführer in der Elektrobranche, 1980–86 im Textilmaschinenbau. Seit 1980 eigenes Ingenieurbüro, Unternehmensberater. Mitgl. der Vertreterversammlung der Volksbank Göppingen; Beiratsmitgl. der Kreissparkasse Göppingen und der Firma Bott GmbH & Co. KG, Gaildorf und der LG. Kuratoriumsmitgl. der Steinbeisstiftung und der Stiftung Energieforschung sowie Beirat der Gesellschaft für wirtschaftl. Zusammenarbeit GWZ. Gemeindeverbandsvors. der CDU in Adelberg. 1979–84 Gemeinderat in Adelberg. Bezirksvors. der MIT Nordwürttemberg. – MdL seit 21.8.1984.

Direktmandat Wahlkreis 10 (Göppingen)

RENZ, Manfred GRÜNE

Geograph
Albstraße 86, 7412 Eningen unter Achalm

* 9.8.1952 Saulgau; verh., 1 Tochter, 1 Sohn – 1972 Abitur in Saulgau. Studium der Geographie, Soziologie, Raum- und Entwicklungsplanung in Tübingen, Stuttgart und an der Antioch University in den USA, Diplom 1979. Wiss. Arbeit über Stadtentwicklung. Projektkoordinator bei einem Kultur- und Nachbarschaftszentrum, Geograph beim Treffpunkt e.V., Eningen (beurlaubt). Seit 1970 Mitarbeit in zahlr. Bürgerinitiativen, parteilos. Seit 1984 Gemeinderat in Eningen unter Achalm. Seit 1989 Kreisrat in Reutlingen. – MdL seit 24.4.1992.

Zweitmandat Wahlkreis 60 (Reutlingen)

REPNIK, Dr. Friedhelm CDU

Apotheker
Unterwässer 1, 7407 Rottenburg a.N.

* 26.10.1949 Konstanz; röm.-kath., verh., 3 Kinder – Gymnasium in Konstanz, Weißenhorn und Günzburg. Studium der Pharmazie in Tübingen. Staatsexamen und Approbation zum Apotheker 1977, Promotion zum Dr. rer. nat. 1980. Seit 1983 selbständiger Apotheker in Rottenburg am Neckar, Inhaber der Bahnhof-Apotheke. Mitgl. des Rundfunkrats des SWF. Seit Okt. 1990 Vors. der Landesarbeitsgemeinschaft Hilfe für Behinderte. Mitgl. Verwaltungsrat Landestheater Württemberg-Hohenzollern. Eintritt in die JU 1969, in die CDU 1970. 1982–84 CDU-Stadtverbandsvors. in Rottenburg, seit 1984 CDU-Ortsverbandsvors. in Rottenburg. – MdL seit 13.4.1988.

Direktmandat Wahlkreis 62 (Tübingen)

RUDER, Robert CDU

Staatssekretär a.D.
Heinisbühndstraße 11, 7609 Hohberg 2
* 24.2.1934 Hugsweier/Ortenaukreis; ev., verh., 3 Kinder – Hum. Gymnasium in Lahr, Schulsprecher, Redakteur einer Schülerzeitschrift. Vors. Stadtjugendring. Studium an der PH Heidelberg, dort AStA-Vors., zunächst Landesvors. Baden-Württemberg, anschl. Bundesvors. Bundesverb. Studenten an den PH. Ab 1961 im Volksschuldienst; 1966–78 zunächst Lehrer, später Polizeischuldirektor an der Landespolizeischule BW. Ehrensenator der FH Offenburg und FH für Polizei Villingen-Schwenningen. Präs. Landessportverband BW. Mitgl. AR der Bauges. Schwarzwald, Zell a.H., der Toto-Lotto-GmbH BW, der Sachsenmilch-Beteiligungs-AG, Dresden, und der Steinbeis-Stiftung. Vorstandsmitgl. der Deutschen Rettungs-Flugwacht, Filderstadt. Mitgl. Rundfunkrat SWF und Verwaltungsrat Oberrheinisches Therapiezentrum Offenburg. Seit 1978 Pol. Staatssekretär im Innenministerium und 1980–90 Staatssekretär mit Kabinettsrang. Mehrere Jahre Landesvors. der JU Südbaden und Kreisvors. der CDU im Ortenaukreis. Mitgl. Landesvorst. und Bezirksvorst. der CDU. – MdL seit Sept. 1970.
Direktmandat Wahlkreis 51 (Offenburg)

RÜCKERT, Wolfgang CDU

Erster Bürgermeister
Ebinger Straße 21, 7250 Leonberg
* 12.8.1942 Berlichingen/Jagst; kath., verh., 2 Kinder – Volksschule in Berlichingen, Progymnasium Möckmühl. Ausbildung für den gehobenen Verwaltungsdienst, 1965 Staatsprüfung, Dipl.-Verwaltungswirt (FH). 1965–70 Landratsamt Leonberg, 1970–72 Stadtkämmerer der Stadt Spaichingen. Seit Okt. 1972 Erster Bürgermeister der Stadt Leonberg (Dezernent für Finanzen, Wirtschaftsförderung und Soziales). 1973–91 Ortsvereinsvors. des DRK Leonberg, ebenso Kreisvorstandsmitgl., seit 1991 Ehrenvors. des DRK Leonberg. 1979–87 Mitgl. AR der Bezirksbaugenossenschaft Kornwestheim. Seit 1975 stellv. Mitgl. im Verwaltungsausschuß des Arbeitsamts Stuttgart. Mitgl. Verwaltungsrat der Kreissparkasse Böblingen, Vorstandsmitgl. der Landesakademie für Jugendbildung Johannes Kepler, Weil der Stadt. Seit 1984 Mitgl. Kreistag Böblingen, 1986–92 Vors. CDU-Fraktion. Mitgl. Verbandsversammlung Regionalverb. Stuttgart, Mitgl. Verbandsvers. Zweckverb. Restmüllheizkraftwerk Böblingen. – MdL seit 27.4.1992.
Direktmandat Wahlkreis 6 (Leonberg)

SALOMON, Dr. Dieter GRÜNE

Sozialwissenschaftler
Unterer Mühlenweg 65, 7800 Freiburg i. Br.

* 9.8.1960 Melbourne; verh., 1 Tochter – Volksschule in Missen/Allgäu, Gymnasium und Abitur in Oberstdorf. Studium der Politikwissenschaften, der Finanzwissenschaften und der Roman. Philologie in Freiburg 1981–86, 1991 Promotion zum Dr. phil. 1981–82 Mitgl. im Kreisverb. des Kreisverb. Oberallgäu der GRÜNEN, 1987–88 Mitgl. im Kreisvorst. des Kreisverb. Freiburg. Seit 1990 Stadtrat in Freiburg. – MdL seit 24.4.1992.

Zweitmandat Wahlkreis 47 (Freiburg II)

SCHAAL, Karl-August   REP

Industrie- und Handelskaufmann
Zollernstraße 35, 7400 Tübingen 9

* 3.8.1935 Freudenstadt; ev., verh., 3 Kinder – Grundschule Freudenstadt und Tübingen. Wirtschaftsfachschule Reutlingen. Kaufmännische Lehre, Industrie- und Handelskaufmann, Textil-Technikum Reutlingen. Akademie für Führungskräfte Bad Harzburg. Geschäftsführer, seit 1983 selbständiger Produkt- und Vertriebsberater. Seit 1971 Ortschaftsrat in Tübingen-Pfrondorf (Freie Wähler). Delegierter für den Verwaltungs- und Verkehrsausschuß in Tübingen. Seit 1987 Mitgl. der Republikaner, Kreisverbandsvors. Tübingen, seit 1991 Beisitzer im Landesvorst. Mitgl. in mehreren örtl. Organisationen, Vereinen und Verbänden. – MdL seit 28.4.1992; Schatzmeister der Fraktion Die Republikaner.

Zweitmandat Wahlkreis 62 (Tübingen)

SCHÄFER-WIEGAND, Barbara   CDU

Ministerin a.D.
Heinrich-Weitz-Straße 16, 7500 Karlsruhe 41

* 18.10.1934 Borken/Westf.; röm.-kath., verh. – Volksschule und Realschule in Nieheim/Kr. Höxter (Weser), Gymnasium und Abitur an der Brede, Brakel. Studium der Philologie in Göttingen, Freiburg/Br., Poitiers, 1. Staatsexamen 1959, Assessorexamen 1961. 1961–80 Lehrerin im höheren Schuldienst des Landes. Mitgl. Verwaltungsrat des Bad. Staatstheaters. Landesvors. der CDU-Frauenunion. 1984–92 Ministerin für Arbeit, Gesundheit, Familie und Frauen. – MdL seit 14.2.1979.

Direktmandat Wahlkreis 27 (Karlsruhe I)

SCHÄUBLE, Dr. Thomas   CDU

Minister
Margeritenweg 4, 7560 Gaggenau

* 23.7.1948 Hornberg; ev., verh., 3 Kinder – Gymnasium in Hausach, 1967 Abitur. Grundwehrdienst. Studium der Rechts- und Staatswissenschaften Univ. Freiburg und Berlin. 1. Staatsexamen 1973, 2. Staatsexamen 1975, Promotion zum Dr. jur. 1976–77 Landesanwaltschaft Karlsruhe, 1977–78 beim Landratsamt Rastatt, 1978–84 Verwaltungsgericht Freiburg. 1984 bis Jan. 1991 Oberbürgermeister der Großen Kreisstadt Gaggenau. 1991 bis Juni 1992 Verkehrsminister des Landes Baden-Württemberg, seit 11. Juni 1992 Justizminister. Mitgl. im Beirat des Badenwerks. Vors. CDU-Kreisverb. Rastatt seit 1991, Mitgl. CDU-Landesvorst. seit 1991. – MdL seit 14.4.1988.

Direktmandat Wahlkreis 32 (Rastatt)

SCHARF, Dr. Bernhard   FDP/DVP

Diplomchemiker
Branichstraße 3, 6905 Schriesheim

* 20.5.1936 Ludwigshafen/Rhein; verh. – Abitur 1957 am Bunsen-Gymnasium Heidelberg, 1953–54 Austauschschüler in den USA. Studium der Chemie in Heidelberg, München und Montpellier (Frankreich). 1967 Promotion zum Dr. rer. nat. Univ. Heidelberg. Anschl. Forschungsassistent an der Washington State University/USA. Seit 1969 in Forschung und anwendungstechnischer Entwicklung von Kunststoffen bei der BASF AG (freigestellt ab 1.5.1988). Vors. FDP-Kreisverb. Rhein-Neckar und Mitgl. Bezirksvorst. Unterer Neckar seit 1987. Stadtrat in Schriesheim und Kreisrat im Rhein-Neckar-Kreis seit 1989. Mitgl. der EU. – MdL seit 15.4.1988.

Zweitmandat Wahlkreis 39 (Weinheim)

SCHAUFLER, Hermann   CDU

Minister
Königsträßle 147, 7410 Reutlingen

* 7.7.1947 Tübingen; verh., 3 Kinder – Progymnasium Pfullingen, Abitur am Wirtschaftsgymnasium Reutlingen. Studium der Rechtswissenschaften und Wirtschaftswissenschaften in Tübingen, 1976 große jur. Staatsprüfung, anschl. Rechtsanwalt in Reutlingen. Lehrbeauftragter im Fach bereich Außenwirtschaft FH für Technik und Wirtschaft, Reutlingen. Selbständiger Anwalt und Unternehmensberater bis 1988. Aufsichtsrat der Landesentwicklungsges., Mitgl. Verwaltungsrat der L-Bank, im Verwaltungsrat der Deutschen Bundesbahn, Mitgl. Infrastrukturrat der Deutschen Bundespost. Präs. Landesfremdenverkehrsverb. 1967–72 Kreisvors. der JU, 1973–80 CDU-Vors. Reutlingen. 1975–88 Stadtrat in Reutlingen, 1979–88 Kreisrat. Mitgl. CDU-Bezirksvorst. Württemberg-Hohenzollern, derzeit stellv. Bezirksvors. Juni 1988 Politischer Staatssekretär im Ministerium für Wirtschaft, Mittelstand und Technologie, 27.9.1989 Minister im Ministerium für Wirtschaft, Mittelstand und Technologie, seit 11.6.1992 Verkehrsminister – MdL seit 16.4.1980.

Direktmandat Wahlkreis 60 (Reutlingen)

SCHEFFOLD, Gerd   CDU

Verbandsgeschäftsführer
Kapellenstraße 36/2, 7958 Laupheim

* 27.1.1954 Laupheim; kath., verh., 3 Kinder – Gymnasium und Abitur in Laupheim. Studium der Rechtswissenschaften in Tübingen, 1979 1. Staatsexamen. Rechtsreferendar beim Landgericht Ulm, 1983 Assessorexamen. 1983 wiss. Referent beim Bund der Selbständigen Landesverb. Baden-Württ.; seit 1986 BDS-Geschäftsführer Südwürttemberg und Chefredakteur des Magazins „Der Selbständige in Baden-Württemberg" (1987) 1987–91 auch freier Journalist, u.a. für private Rundfunkanstalten. Mitgl. AR der Genossenschaft für Wohnungsbau Oberland e.G. (GWO). 1976–84 Kreisvors. der JU Biberach, 1984–88 Mitgl. im Deutschlandrat der JU. Seit 1980 stellv. Kreisvors. der CDU Biberach, seit 1986 Vors. CDU-Stadtverb. Laupheim. Seit 1984 Stadtrat in Laupheim, seit 1989 Vors. der CDU-Fraktion. Seit 1989 Mitgl. im CDU-Bezirksvorst. Württemberg-Hohenzollern, seit 1987 Mitgl. im CDU-Bundesausschuß. – MdL seit 24.4.1992.

Direktmandat Wahlkreis 66 (Biberach)

SCHEUERMANN, Winfried   CDU

Regionalverbandsdirektor
Schützinger Straße 29/1, 7132 Illingen

* 31.1.1938 Mannheim; kath., verh., 2 Kinder – 1957 Abitur in Rastatt. 1961 1. jur. Staatsexamen, 1965. 2. jur. Staatsexamen. 1965–70 Regierungsassessor und Regierungsrat bei den Landratsämtern Karlsruhe und Vaihingen/Enz. 1970–74 parl. Berater bei der CDU-Landtagsfraktion, zuletzt als Parlamentsrat. Seit 1974 bis heute Verbandsdirektor des Regionalverbandes Nordschwarzwald. Seit 1991 Mitgl. Rundfunkrat des SDR. Seit 1973 Mitgl. Kreisvorst. CDU-Kreisverb. Enzkreis/Pforzheim. Seit 1971 Gemeinderat in Illingen. Seit 1980 Erster stellv. Bürgermeister in Illingen. Seit 1979 Kreisrat im Kreistag des Enzkreises, seit 1984 Vors. CDU-Kreistagsfraktion. – MdL seit 14.4.1988.

Direktmandat Wahlkreis 44 (Enz)

SCHLAUCH, Rezzo   GRÜNE

Rechtsanwalt
Rotebühlstraße 99, 7000 Stuttgart 1

* 4.10.1947 Gerabronn; ev., ledig – Gymnasium und Abitur in Künzelsau. Studium der Rechtswissenschaft in Freiburg und Heidelberg, dort 1. jur. Staatsexamen 1972, 2. jur. Staatsexamen in Berlin 1975. Seitdem Rechtsanwalt in Stuttgart. Mitgl. des Republikanischen Anwaltsvereins. Mitgl. des erweiterten Landesvorst. der Partei DIE GRÜNEN 1982–84. – MdL seit 17.4.1984; 1990–Juni 1992 Sprecher der Fraktion GRÜNE.

Zweitmandat Wahlkreis 44 (Enz)

SCHLEE, Dietmar   CDU

Minister a.D.
Auf der Steig 12, 7480 Sigmaringen-Laiz

* 31.3.1938 Mengen/Kreis Sigmaringen; röm.-kath., verh., 2 Kinder – Abitur. Studium der Rechtswissenschaften in München und Tübingen, 1965 1. jur. Staatsprüfung, Referendarausbildung, 1968 2. jur. Staatsprüfung. Anschl. Rechtsanwalt in Sigmaringen. 1973–75 Generalsekretär der CDU Baden-Württemberg. 1975–80 Landrat des Landkreises Sigmaringen. 1980–84 Minister für Arbeit, Gesundheit und Sozialordnung, Juni 1984 bis Juni 1992 Innenminister. 1989 und 1990 Vors. der Ständigen Konferenz der Innenminister und Senatoren der Länder und Vors. der Ministerkonferenz für Raumordnung, Bauwesen und Städtebau. – MdL seit 5.5.1972.

Direktmandat Wahlkreis 70 (Sigmaringen)

SCHLIERER, Dr. Rolf   REP

Rechtsanwalt, Arzt
Postfach 105034, 7000 Stuttgart 10

* 21.2.1955 Stuttgart; ev., ledig – Hum. Gymn. und Abitur in Stuttgart. Studium der Humanmedizin in Gießen, 1979 Approbation als Arzt. Grundwehrdienst als Sanitätsoffizier 1980/81, Oberstabsarzt d. R. in einer Luftlandeeinheit. Studium der Rechtswissenschaft und Philosophie in Tübingen, 1. jur. Staatsprüfung 1988. Referendariat in Stuttgart, 2. jur. Staatsprüfung 1991. Praktische Tätigkeit als Arzt und Journalist. Seit 1991 Rechtsanwalt in Stuttgart. 1976–79 Mitgl. RCDS. 1982–85 Pressereferent der Deutschen Burschenschaft. 1985–89 Mitgl. Studienzentrum Weikersheim. Mitgl. der Republikaner seit 1987, seit 1989 Mitgl. der Bundesprogrammkommission der Republikaner, 1989–91 stellv. Landesvors. der REP. Seit Okt. 1989 Stadtrat und Fraktionsvors. der REP im Stuttgarter Gemeinderat. Seit Juli 1990 stellv. geschäftsführender Bundesvors. der REP. – MdL seit 27.4.1992; Vors. Fraktion Die Republikaner.

Zweitmandat Wahlkreis 14 (Bietigheim-Bissingen)

SCHMIEDEL, Claus   SPD

Geschäftsführer
Stresemannstraße 29, 7140 Ludwigsburg

* 8.3.1951 Ludwigsburg; ev. – Gymnasium und Abitur in Marbach. Studium der Politischen Wissenschaften und Deutsch Univ. Stuttgart und PH Ludwigsburg. 1980 1. Staatsprüfung für das Lehramt an Realschulen, 1982 2. Staatsprüfung. 1982–87 Brunnenrealschule Bad Cannstatt, 1987 bis Febr. 1992 Johannes-Gutenberg-Schule (Berufs- und Fachschule). Gesellschaftergeschäftsführer der Beratungsgesellschaft für Abfallwirtschaft mbH (BAW) Fellbach seit Juli 1992. Mitgl. SPD seit 1972. 1975–91 Stadtrat in Marbach. Seit 1985 Mitgl. Kreistag in Ludwigsburg, stellv. Vors. der SPD-Kreistagsfraktion. Mitgl. der GEW, AWO, Deutsche Schillergesellschaft. – MdL seit 24.4.1992.

Zweitmandat Wahlkreis 12 (Ludwigsburg)

SCHNAITMANN, Monika   GRÜNE

Pfarrvikarin
Sieben-Höfe-Straße 132, 7400 Tübingen

* 10.1.1952 Ulm; verh., 3 Kinder – 1971 Wirtschaftsabitur in Albstadt-Ebingen. 1972–75 Studium PH Reutlingen, 1. Staatsexamen für das Lehramt an Grund- und Hauptschulen. 1975–81 Studium der ev. Theologie in Tübingen, 1. kirchl. Examen. 1981–83 Vikariat in Sindelfingen, 2. kirchl. Examen. 1983–87 beurlaubt. Seit 198 Seelsorgerin an einem Tübinger Alten- und Pflegeheim 1968–72 aktives Mitgl. der JU in Albstadt-Ebingen. 198 Beitritt zu den GRÜNEN, Kreisverb. Tübingen. 1984–9 Mitgl. Kreistag. Gründungsmitgl. des Vereins f Schuldnerberatung e.V. Tübingen und des Rüstungsi formationsbüros Baden-Württemberg (RIB) in Freibur Mitgl. bei Pro Bahn und im VCD (Verkehrsclub für d Bundesrepublik Deutschland). – MdL seit 24.4.1992.

Zweitmandat Wahlkreis 62 (Tübingen)

SCHNEIDER, Norbert   CDU

Politischer Staatssekretär a.D.
Südring 27, 7240 Horb am Neckar

* 31.1.1935 Horb; verh., 2 Kinder – Gymnasium und Abitur in Horb am Neckar. 1955–59 Studium der Staats- und Rechtswissenschaften in Tübingen und Bonn. Anschl. Gerichtsreferendar in Tübingen, Horb, Rottweil und Berlin. Seit 1963 Gerichtsassessor beim Sozialgericht in Reutlingen und seit 1967 Sozialgerichtsrat und Kammervors. beim Sozialgericht in Reutlingen. Mitgl. Kuratorium der Umweltakademie Freudenstadt der IHK Nordschwarzwald. Vors. Kuratorium der Abendrealschule Horb. 1962–67 und 1971–78 Stadtrat in Horb am Neckar. 1971–73 Mitgl. Kreistag Landkreis Horb und 1973–78 Mitgl. Kreistag Landkreis Freudenstadt. 1978 Pol. Staatssekretär im Staatsministerium und Juni 1980 bis Juni 1992 im Ministerium für Wissenschaft und Kunst. Vors. CDU-Kreisverb. Freudenstadt. – MdL seit Mai 1968; 1972–78 Parl. Geschäftsführer der CDU-Fraktion.

Direktmandat Wahlkreis 45 (Freudenstadt)

SCHÖFFLER, Alfred   SPD

Malermeister
Bahnhofstraße 64, 7104 Obersulm-Eschenau

* 6.3.1929 Obersulm-Eschenau; ev., verh., 1 Kind – Volksschule in Eschenau. Berufsschule in Heilbronn, Malerlehre und Gesellenprüfung. 1953 Meisterprüfung im Malerhandwerk; seit 1954 auch im Siebdruck tätig. Verwaltungsratsmitgl. der Kreissparkasse in Heilbronn. Mitgl. Gemeinderat seit 1959. Mitgl. SPD seit 1962. Seit 1971 Mitgl. Kreistag Heilbronn. Ab 1975 Ortschaftsrat und ehrenamtl. Ortsvorsteher von Obersulm-Eschenau. – MdL seit 16.4.1984.

Zweitmandat Wahlkreis 20 (Neckarsulm)

SCHÖNING, Dietmar   FDP/DVP

Parlamentarischer Berater a.D.
Ob dem Himmelreich 4, 7400 Tübingen

* 16.8.1948 Kiel; ev., ledig – Humanistisches Gymnasium in Kiel. Studium der Politikwissenschaft in Kiel und Tübingen. 1979–92 parl. Berater beim Landtag von Baden-Württemberg, dabei Tätigkeit als persönl. Referent des Fraktionsvors. sowie als Referent für die Bereiche der Energiepolitk, der Verkehrspolitik und der Medienpolitik. Mitgl. FDP seit 1967; Vors. FDP-Kreisverb. Tübingen seit 1980. Mitgl. Kreistag Landkreis Tübingen und der Verbandsversammlung des Abfallzweckverbandes Reutlingen/Tübingen seit 1989. Mitgl. Programmbeirat von Stadtradio Neckar-Alb. – MdL seit 9.4.1992; stellv. Vors. FDP/DVP-Fraktion, finanzpol. und medienpol. Sprecher.

Zweitmandat Wahlkreis 62 (Tübingen)

SCHÖTTLE, Ventur CDU

Politischer Staatssekretär a.D., Landwirtschaftsmeister
Von-Speth-Schülzburg-Straße 29,
7930 Ehingen-Granheim

* 22.9.1929 Ehingen-Granheim; kath., verh., 3 Kinder
– Volksschule in Granheim. Landwirtschaftl. Berufs-
und Fachschule in Ehingen, 1953 landwirtschaftl. Gehilfenprüfung, 1958 Meisterprüfung. 1962 Übernahme des
21-ha-Betriebes in der 10. Generation. Vors. AR Badi-
sche Staatsbrauerei Rothaus. Seit 1949 Mitgl. CDU.
1959–78 im heimatl. Gemeinderat. 1965–78 Kreisrat
und Fraktionsvors. im Alb-Donau-Kreis. Seit 1973 Präs.
der Schutzgemeinschaft Deutscher Wald, Landesverband Baden-Württemberg und stellv. Bundesvors. Bis
1988 stellv. Bezirksvors. und Mitgl. Landesvorst. der
CDU Baden-Württemberg. 1978–91 Politischer Staatssekretär im ehemaligen Ministerium für Ernährung, Landwirtschaft und Umwelt und jetzigen Ministerium für
ländlichen Raum, Ernährung, Landwirtschaft und Forsten. – MdL seit Mai 1968; 1972–78 Vors. Landwirt-
schafts- und Ernährungsausschuß.

Direktmandat Wahlkreis 65 (Ehingen)

SCHREMPP, Günter SPD

Diplomingenieur
Darriwald 29, 7800 Freiburg-Hochdorf

* 8.6.1942 Freiburg/Br.; kath., verh. – Abitur in Freiburg. Studium des Bauingenieurwesens Univ. Karlsruhe
(TH), Dipl.-Hauptprüfung 1970. Diplomingenieur beim
Regierungspräsidium Freiburg. Große Staatsprüfung in
Baden-Württemberg 1973, Verkehrsingenieur beim
Straßenbauamt Freiburg, Oberregierungsbaurat (seit
1984 wegen Landtagsmandat beurlaubt). Mitgl. in zahlr.
sozialen, kulturellen Organisationen und Vereinigungen sowie Sportvereinen, im VSVI, Oberrheinischen Ar-
chitekten- und Ingenieurverein e. V. und der ÖTV. Mitgl.
im Präsidium des Deutschen Mieterbundes, Landesvors. des Deutschen Mieterbundes in Baden-Württemberg (ehrenamtl.) – MdL seit 8.4.1980; stellv. Vors. SPD-
Fraktion.

Direktmandat Wahlkreis 47 (Freiburg II)

SCHULTZ-HECTOR, Dr. Marianne CDU

Ministerin
Bopserwaldstraße 40F, 7000 Stuttgart 1

* 4.10.1929 Saarbrücken; ev., verh., 2 Kinder – Abitur
Studium der Germanistik, Romanistik und Kunstge
schichte, Promotion. Ehrenämter: Mitgl. des Landesel
ternbeirats bis 1978, Vors. des Landesschulbeirats 1980-
84. 1988–91 Politische Staatssekretärin im Ministeriun
für Kultus und Sport, seit 30.1.1991 Ministerin für Kultu
und Sport. 1980–84 Mitgl. Gemeinderat der Landes
hauptstadt Stuttgart. Mitgl. Landesvorst. der CDU Ba
den-Württemberg. – MdL seit 13.4.1984.

Direktmandat Wahlkreis 3 (Stuttgart III)

SCHWEIZER, Rosely   CDU

Hausfrau, Unternehmerin
Linderstalde 16, 7157 Murrhardt

* 16.7.1940 Hamburg; verh., 3 Kinder – Abitur in Rendsburg. Wirtschaftsstudium in Innsbruck, 1964 Abschluß als Diplomvolkswirtin. Persönl. haftende Gesellschafterin der Firma Henkell & Söhnlein Sektkellereien KG, Wiesbaden, sowie stellv. AR-Vors. Mitgl. AR der Firmen Louis Schweizer GmbH & Co. Lederfabrik, Murrhardt, der Ahlmann Transport GmbH & Co. KG, Rendsburg, der Ahlmann Schiffahrt GmbH & Co. KG, Rendsburg, und der Meyer & Beck Handels KG, Berlin. Ehrenämter: Mitgl. Kuratorium der „Gesellschaft zur Förderung der Münchener Opernfestspiele" und Kuratorium der Johann Sebastian Bach Ges. Wiesbaden e.V. Seit 1976 im Vorst. des Deutschen Kinderschutzbundes e.V. Ortsverb. Murrhardt; seit 1978 im Landesvorst. der AG Elternbildung. Seit 1984 Gemeinderätin in Murrhardt. Seit 1983 im Sektionsvorst. und seit 1987 im Bundesvorst. des Wirtschaftsrats der CDU, 1987–90 Mitgl. Bundesfachausschuß Frauenpolitik. – MdL seit 24.4.1992.

Direktmandat Wahlkreis 17 (Backnang)

SEIMETZ, Hermann   CDU

Rektor
Dr.-Frey-Straße 51, 7322 Donzdorf

* 16.1.1938 Kostenbach/Trier; röm.-kath., verh., 3 Kinder – Acht Jahre Volksschule in Geislingen-Altenstadt. 1952–55 Lehre als Eisendreher. Über den zweiten Bildungsweg Weiterbildung zum Lehrer. Studium PH Weingarten 1961–63. 1963–64 Lehrer an der Teckschule in Wernau, bis Okt. 1964 an der Grund- und Hauptschule Kuchen, seit Okt. 1964 an der Hauptschule in Donzdorf. Seit 1979 Rektor der Messelberg-Werkrealschule in Donzdorf. Mitgl. im Beirat des Alb-Elektrizitätswerkes Geislingen, stellv. Mitgl. Verwaltungsrat der Landesgirokasse. Stadtrat in Donzdorf. Kreisvors. der CDU im Kreis Göppingen. – MdL seit 14.4.1980; stellv. Vors. CDU-Fraktion.

Direktmandat Wahlkreis 11 (Geislingen)

SELTENREICH, Rolf   SPD

Diplom-Sozialarbeiter (FH)
Stamitzstraße 4, 6800 Mannheim 1

* 5.8.1948 Mannheim; verh., 1 Kind – Volksschule in Mannheim. Kaufmännische Lehre. Verwaltungsangestellter. Abendschule. 1971–75 Studium der Sozialarbeit an der FH Mannheim. Jugendbildungsreferent bei der Sozialistischen Jugend Deutschlands „Die Falken". Seit 1977 Sozialarbeiter und Gesundheitserzieher beim Staatl. Gesundheitsamt Mannheim. Seit 1981 Personalratsvors. Seit 1966 SPD-Mitgl., 1978–80 Bezirksbeirat. 1980–88 Mitgl. Gemeinderat der Stadt Mannheim. Seit 1979 Landesvorstandsmitgl. der Arbeitsgem. der Sozialdemokraten im Gesundheitswesen Baden-Württemberg. Mitgl. der ÖTV. Vors. des ASB Mannheim-Rhein-Neckar, Kreisvors. des Paritätischen Wohlfahrtsverb. Mannheim. – MdL seit 18.4.1988.

Zweitmandat Wahlkreis 36 (Mannheim II)

SIEBER, Michael   CDU

Oberregierungsrat a. D.
Waldstraße 15 A, 6908 Wiesloch

* 10. 2. 1947 Rauenberg; kath., verh., 2 Kinder – Gymnasium und Abitur in Buchen/Odenwald. Studium der Rechtswissenschaften und der Politischen Wissenschaften in Heidelberg und Mannheim. 1. Staatsexamen 1973, Assessorexamen 1977. 1977 bis April 1984 im Ministerium f. Landwirtschaft und Umwelt, davon zwei Jahre an der Landesvertretung in Bonn, zuletzt als Pers. Referent von Minister Weiser. Oberregierungsrat a. D. Mitgl. Verwaltungsrat des SDR. Vors. Beirat der Kunststiftung Baden-Württemberg. Stellv. Kreisvors. der CDU Rhein-Neckar. – MdL seit 13. 4. 1984; stellv. Vors. der CDU-Fraktion.

Direktmandat Wahlkreis 37 (Wiesloch)

SOLINGER, Helga   SPD

Ministerin
Neugütlestraße 6, 7000 Stuttgart 75

* 28. 11. 1939 Eisenach; ev., verh. – Volksschule in Eisenach, Gymnasium und Abitur in Heidelberg. 1959–62 Studium der Philosophie und Germanistik in Heidelberg, München und Berlin. 1960–62 Schauspielunterricht und Abschlußdiplom in Berlin. 1962–69 Schauspielerin an mehreren deutschen Theatern. 1970–74 Studium der Sozialarbeit an der FH für Sozialwesen Stuttgart/Esslingen, Dipl.-Sozialarbeiterin (FH). 1974–79 Sozialarbeiterin bei den Ev. Gesellschaft Stuttgart e. V. in der mobilen Jugendarbeit, 1979–88 bei der Klinik der offenen Tür, Gemeinnützige GmbH, Klinik für Psychiatrie und Psychotherapie, Stuttgart. Mitgl. Verwaltungsrat der L-Bank. Seit 1971 Mitgl. SPD. Seit 1969 Mitgl. ÖTV. Mitgl. AWO, der Naturfreunde, pro familia. 1975–84 Mitgl. Gemeinderat Stuttgart. Seit 11. 6. 1992 Ministerin für Arbeit, Gesundheit und Sozialordnung. – MdL seit 13. 4. 1984; 1988–92 Vors. Sozialausschuß.

Zweitmandat Wahlkreis 2 (Stuttgart II)

SPÖRI, Dr. Dieter   SPD

Minister, stellv. Ministerpräsident
Robert-Stolz-Weg 36, 7100 Heilbronn-Böckingen

* 15. 5. 1943 Stuttgart; kath., verh. – Abitur 1963. Wehrdienst 1963–64. Studium der Wirtschaftswissenschaften Univ. Tübingen, Diplomvolkswirt. 1969–70 bei SEL (Werksplanung), Stuttgart. 1970–74 stellv. Leiter Institut für Südwestdeutsche Wirtschaftsforschung, Stuttgart. 1975 Sprecher „Energie und Wirtschaft" beim Institut für angewandte Systemanalyse, Kernforschungszentrum Karlsruhe. Ba 1975 Lehrbeauftragter Univ. Stuttgart. Seit Juni 1992 Wirtschaftsminister und stellv. Ministerpräsident. Vors. AR de Ges. für intern. wirtschaftl. Zusammenarbeit BW mbl (GWZ), Mitgl. im Beirat der Landeszentralbank BW, Mitg Verwaltungsrat der Landeskreditbank. Mitgl. SPD se 1970, seit 1988 im SPD-Bundesvorst.; seit 1975 Mitgl. SPI Landesvorst. BW, Mitgl. im Präsidium der SPD BW. Md 1976–88, 1983–88 Vors. der SPD-Landesgruppe BW, 1983 84 Obmann der SPD-Bundestagsfraktion im Flick-Unte suchungsausschuß, 1984–88 Mitgl. Vorst. der SPD-Bunde tagsfraktion, Obmann im Finanzausschuß. – MdL se 19. 4. 1988; 1988–92 Vors. SPD-Fraktion.
Direktmandat Wahlkreis 18 (Heilbronn)

STÄCHELE, Willi CDU

Bürgermeister
Gaisbacher Straße 19, 7602 Oberkirch

* 17.11.1951 Rheinweiler; kath., verh., 2 Kinder – Gymnasium und Abitur 1970. Studium der Rechts- und Staatswissenschaften in Freiburg, 1. und 2. jur. Staatsprüfung 1977 und 1979. Staatsanwalt in Freiburg. Beauftragter des Justizministeriums Baden-Württemberg in der Landesvertretung in Bonn. Ende 1981 Wahl zum Bürgermeister der Stadt Oberkirch, Wiederwahl 1989. AR-Vors. der Städtischen Baugesellschaft Oberkirch, stellv. Vors. Verwaltungsrat der Sparkasse Offenburg-Oberkirch, Mitgl. AR der ÖVA-AG Mannheim und des Beirats der Kommunalen Planungs- und Entwicklungsges. der badischen Sparkassen mbH, Karlsruhe, Mitgl. AR der Renchtäler Winzergenossenschaft. Vors. CDU im Ortenaukreis seit 1985, Mitgl. südbadischer Bezirksvorst. der CDU, Mitgl. Landesvorst. Baden-Württemberg. Mitgl. Kreistag der Ortenau. – MdL seit 24.4.1992.

Direktmandat Wahlkreis 52 (Kehl)

STOLTZ, Dieter SPD

Industriekaufmann
Josef-Schmitt-Straße 26, 7500 Karlsruhe 21

* 24.11.1938 Karlsruhe; 2 Kinder – Hauptschule und kaufm. Berufsschule in Karlsruhe. Lehre als Industriekaufmann bei den Stadtwerken in Karlsruhe, seit 1968 Abteilungsleiter (Angestellter) für Betriebswirtschaft und Organisation bei den Stadtwerken Karlsruhe. Mitgl. Stiftungsrat der Stiftung Energieforschung Baden-Württemberg (ehrenamtl.), Mitgl. Verwaltungsrat des Badischen Staatstheaters Karlsruhe (ehrenamtl.). – MdL seit 7.5.1976; Vors. Arbeitskreis Wirtschaft, Mittelstand und Technologie der SPD-Fraktion.

Zweitmandat Wahlkreis 27 (Karlsruhe I)

STOLZ, Gerhard GRÜNE

Lehrer GHS
Eckhartstraße 21, 7500 Karlsruhe 41

* 4.9.1946 Karlsruhe; verh., 2 Kinder – 1963 Mittlere Reife in Karlsruhe. 1963–65 Ausbildung am Landratsamt Karlsruhe für den mittleren Verwaltungsdienst. 1966–69 Gymnasium und Abitur in Karlsruhe. 1969–73 Studium der Pädagogik an der PH Karlsruhe. Seit 1973 im Schuldienst des Landes Baden-Württemberg, Lehrer an der Pestalozzi-Schule Karlsruhe-Durlach. Mitgl. im AR der Albtal-Verkehrsgesellschaft (ehrenamtl.). Seit 1983 Stadtrat in Karlsruhe, Fraktionsvors. der GRÜNEN in der Verbandsversammlung des Regionalverbandes Mittlerer Oberrhein. Mitgliedschaften: Bürgeraktion Umweltschutz Zentrales Oberrheingebiet, Fahrgastvereinigung Pro Bahn, Verkehrsforum Oberrhein, Verkehrsclub der Bundesrepublik Deutschland, Gewerkschaft Erziehung und Wissenschaft. – MdL seit 8.4.1992.

Zweitmandat Wahlkreis 27 (Karlsruhe I)

STRATTHAUS, Gerhard   CDU

Bürgermeister
Eulenstraße 6, 6835 Brühl

* 22.3.1942 Heidelberg; kath., verh. – Volksschule in Brühl, Hebel-Gymnasium in Schwetzingen. Kaufm. Praktikum. Studium der Betriebswirtschaftslehre Univ. Mannheim, Examen als Diplomhandelslehre im Frühjahr 1966. Bildungsreferent am Heinrich-Pesch-Haus in Mannheim. 1973 Wahl zum Bürgermeister in Brühl. 1981 Wahl zum Bürgermeister in Schwetzigen, seit 1982 Bürgermeister in Schwetzingen. Verwaltungsratsvors. der Bezirkssparkasse Schwetzingen, Mitgl. im Verwaltungsrat der Landesbausparkasse Baden, Vors. der Zweckverbände „Bezirk Schwetzingen" und „Unterer Leimbach". 1968–73 Mitgl. Gemeinderat Brühl, 14 Jahre Kreisrat im Rhein-Neckar-Kreis. Mitgl. im Kreisvorst. der CDU im Rhein-Neckar-Kreis. – MdL seit 2.5.1992.

Direktmandat Wahlkreis 40 (Schwetzingen)

STRAUB, Peter   CDU

Stellv. Landtagspräsident
Bismarckstraße 17, 7890 Waldshut-Tiengen 1

* 8.9.1939 Waldshut; kath., verh., 2 Kinder – Gymnasium, 1958 Abitur in Waldshut. Studium der Rechtswissenschaften in Freiburg und München, 1. jur. Staatsexamen 1962, 2. jur. Staatsexamen 1966. Seitdem Rechtsanwalt. Mitgl. Anwaltsverein. Mitgl. CDU seit 1968, ab 1969 Mitgl. im Vorst. Kreisverb. Waldshut. Seit 1968 Stadtrat in Waldshut-Tiengen; Kreisrat im Landkreis Waldshut. – MdL seit 26.11.1984; seit 1992 stellv. Präsident des Landtags.

Direktmandat Wahlkreis 59 (Waldshut)

STRÖBELE, Roland   CDU

Bürgermeister
Am Täle 4, 7203 Fridingen a.D.

* 14.8.1943 Stuttgart; röm.-kath., ledig – Mittlere Reife in Rottweil. Ausbildung für den gehobenen nichttechnischen Verwaltungsdienst, Staatsprüfung 1966. 1966–7. Leiter der Stadtwerke, des Hauptamtes und der Kämmerei der Stadt Spaichingen. Seit 1977 Bürgermeister de Stadt Fridingen und Vors. des Gemeindeverwaltungs verbandes Donau-Heuberg; seit 1980 nebenamtl. Bürgermeister der Gemeinde Bärenthal. Mitgl. Vorst. Naturpark Obere Donau und in versch. örtl. Vereinen und Organisationen. Stellv. Mitgl. Verwaltungsrat der Kreissparkasse Tuttlingen, Mitgl. Rundfunkrat und Hörfunkausschuß SWF. Bis 1972 Mitgl. Bezirks- und Landesvorst. der JU Südwürttemberg-Hohenzollern. Seit 197 Mitgl. Kreistag Tuttlingen und Mitgl. der Verbandsve sammlung Regionalverb. Schwarzwald-Baar-Heuber 1973–85 Vors. CDU-Kreisverb. Tuttlingen. – MdL se 16.4.1984; seit Juli 1992 innenpol. Sprecher der CDU Fraktion.
Direktmandat Wahlkreis 55
(Tuttlingen-Donaueschingen)

TESSMER, Gerd   SPD

Realsschullehrer
Lindauer Straße 20, 6951 Binau

* 21.1.1945 Pelplin/Westpreußen; ev., verh., 2 Kinder –
1964 Abitur am Hohenstaufen-Gymnasium Eberbach.
Studium der Geschichte, Geographie und Romanistik in
Heidelberg (Univ.) und der Pädagogik (PH). 1968 Reallehrerprüfung in Karlsruhe, 1969 2. Reallehrerprüfung
in Karlsruhe nach Anwärterjahr am Reallehrerinstitut;
Realschullehrer in Mosbach. Seit 1967 Freiwilliger Polizeidienst. Mitgl. der GEW. Seit 1971 Ortsvereinsvors.,
seit 1979 auch Kreisvors. der SPD im Neckar-Odenwald-Kreis. Gemeinderat in Binau, Mitgl. Kreistag Neckar-Odenwald. Ortsvereinsvors., Kreisvorstandsmitgl. und
Bezirksvorstandsmitgl. der AWO, Mitgl. der Naturfreunde, der DLRG, der Pfadfinder und der EU. – MdL seit
13.4.1984; Vors. Ausschuß für ländlichen Raum und
Landwirtschaft.

Zweitmandat Wahlkreis 38 (Neckar-Odenwald)

TEUFEL, Erwin   CDU

Ministerpräsident
Dreifaltigkeitsbergstraße 44, 7208 Spaichingen

* 4.9.1939 Rottweil; kath., verh., 4 Kinder – Albertus-Magnus-Gymnasium in Rottweil. Ausbildung für den
gehobenen Verwaltungsdienst, Staatsprüfung 1961,
Dipl.-Verwaltungswirt (FH). 1961–64 Landratsamt Rottweil und Stadtverwaltung Trossingen. 1964–72 Bürgermeister der Stadt Spaichingen. 1972–74 Politischer
Staatssekretär im Innenministerium, 1974–76 im Ministerium für Ernährung, Landwirtschaft und Umwelt.
1976 bis Febr. 1978 Staatssekretär für Umweltschutz und
Mitgl. der Landesregierung. 1978–91 Vors. der Fraktion
der CDU im Landtag Baden-Württemberg. Ministerpräsident des Landes Baden-Württemberg seit 22.1.1991.
Ehrensenator der FH Kehl und der FH Furtwangen. Mitgl. Zentralkomitee der deutschen Katholiken. Als Vertreter des Landes Vizepräs. der Versammlung der Regionen Europas. Landesvors. der CDU Baden-Württemberg, Mitgl. Bundesvorst. und stellv. Vors. der CDU
Deutschland. – MdL seit 16.5.1972; 1978–91 Vors. CDU-Fraktion.

Direktmandat Wahlkreis 54 (Villingen-Schwenningen)

TÖLG, Arnold   CDU

Geschäftsführer
Im Vogelsang 11, 7263 Bad Liebenzell-Möttlingen

* 30.9.1934 Königswalde/Glaz (Schlesien); kath., verh., 3
Kinder – Realschule in Braunschweig. 1953–56 Großhandelslehre. 1956–57 Angestellter in Stuttgart. 1957–64 parl.
Sekretär eines CDU-Bundestagsabgeordneten, gleichzeitig
techn. Leiter des Internat. Forums Burg Liebenzell und Burg
Hornberg. 1959 Studienaufenthalt in USA. 1964–67 Studium FH für Wirtschaft in Pforzheim. 1967–69 Stellv. des
Kurdirektors in Bad Liebenzell. 1969 bis heute Geschäftsführer der Pforzheimer Reise- und Verkehrsbüro GmbH, 1973–
81 Verkehrsdirektor in Pforzheim. 1975–88 Geschäftsführer
der Fremdenverkehrs-Gebietsgemeinschaft Nördl.
Schwarzwald. Mitgl. Beirat der Fremdenverkehrsgebietsgemeinschaft (ehrenamtl.), Mitgl. Verwaltungsrat der Fremdenverkehr im Schwarzwald GmbH (ehrenamtl.) und der
City Air Terminal Luftreisebüro GmbH & Co. KG. Seit 1956
Mitgl. CDU. 1968, 1972 und 1976 Zweitkandidat der CDU im
Landtagswahlkreis Calw. 1969–91 CDU-Kreisvors. Calw.
Mitgl. Kreistag Calw. Stellv. Vors. des Internat. Forums Burg
Liebenzell e. V. (ehrenamtl.). – MdL seit 20.7.1977.

Direktmandat Wahlkreis 43 (Calw)

TRAGEISER, Horst   REP

Computerfachmann
Stuttgarter Straße 115, 7000 Stuttgart 30

* 17.2.1937 Palanka; verh., 4 Kinder – Wirtschaftsabitur in München, Studium der Mathematik und Physik in München. 1960–90 Computerfachmann, ab 1983 als Geschäftsführer im internationalen Bereich. Von 1991 Geschäftsführer der Gemeinderatsfraktion der Republikaner im Gemeinderat der Stadt Stuttgart bis Juni 1992. Seit Anfang 1989 Mitgl. der Republikaner. Okt. 1989 bis Juli 1992 Mitgl. Gemeinderat der Stadt Stuttgart. Seit Sept. 1991 Landespressesprecher der baden-württembergischen Republikaner. Mitgl. AR der Stuttgarter Messe- und Kongreßgesellschaft (SMK) bis Juni 1992. – MdL seit 24.4.1992; stellv. Vors. Fraktion Die Republikaner.

Zweitmandat Wahlkreis 3 (Stuttgart III)

TROLL, Heinz   REP

Polizeibeamter a.D.
Kraichgaustraße 3, 7522 Philippsburg

* 2.5.1939 Ansbach; verh., 3 Kinder – Volksschule in Ansbach, erlernter Beruf Metzger. 1957–69 Militärdienst bei der Bundeswehr, 1968–69 Bundeswehrfachschule (Realschule) in Karlsruhe. Polizeibeamter in Baden-Württemberg 1969–91. Kreisvors. der Republikaner Kreisverb. Karlsruhe (Land) seit 1989, seit 1991 Mitgl. Landesvorst. und Landespräsidium. Seit 1989 im Kreistag Karlsruhe und Stadtrat in Philippsburg. – MdL seit 24.4.1992.

Zweitmandat Wahlkreis 29 (Bruchsal)

TROTHA, Klaus von   CDU

Minister
Lorettosteig 32A, 7750 Konstanz 16

* 7.10.1938 Berlin; ev., verh., 1 Kind – Hum. Gymnasium Berlin-Steglitz, Abitur 1957. Studium der Rechtswissenschaft und der Politischen Wissenschaft in Berlin, Bonn und München, 1. jur. Staatsprüfung 1962. Auslandsaufenthalte und Referendariat in Bonn, Straßburg und München, 2. jur. Staatsprüfung 1967. Seit 1967 an der Univ. Konstanz, Mitgl. des Lehrkörpers der Verwaltungswissenschaftl. Fakultät; 1970–80 Lehrbeauftragter an der PH Weingarten. 1991–92 Minister für Wissenschaft und Kunst, seit Juni 1992 Minister für Wissenschaft und Forschung. Mitgl. AR der Staatlichen Toto-Lotto GmbH, Mitgl. Fernsehrat des ZDF. 1970–89 Vors. CDU-Kreisverb. Konstanz. Stellv. Landesvors. des Ev. Arbeitskreises Baden. Mitgl. Bundesausschuß der CDU, stellv. Vors. Bundesfachausschuß Medienpolitik. – MdL seit 5.5.1976.

Direktmandat Wahlkreis 56 (Konstanz)

ULMER, Helga SPD

Bankkauffrau
Hölzelweg 8, 7000 Stuttgart 1

* 8. 1. 1939 Stuttgart; ev., verh., zwei Töchter – 1949–56 Gymnasium, höhere Handelsschule, Lehre und Tätigkeit als Bankkauffrau. 1956–60 Landesgirokasse. 1961–64 Jugendsekretärin Ev. Landeskirche. 1964–75 Württ. Feuerversicherung Stuttgart. 1975–92 Tätigkeit in Steuerberaterbüro. Mitgl. HBV, AWO, pro familia, versch. kulturelle Institutionen. Langjährige Elternbeirätin, Vorstandsmitgl. GEB Stuttgart bis 1978. 1976–82 stellv. Landesvors. der AsF. 1974–80 Bezirksbeirätin. Seit 1980 Mitgl. Gemeinderat der Stadt Stuttgart, 1985–92 Fraktionsvors. Mitgl. im Verwaltungsrat der Württ. Staatstheater. – MdL seit 25. 4. 1992.

Direktmandat Wahlkreis 4 (Stuttgart IV)

UNGER-SOYKA, Brigitte SPD

Ministerin
Mittelbadgasse 9, 6900 Heidelberg

* 9. 1. 1949 Friedrichshafen; kath., verh., 3 Kinder – Gymnasium und Abitur in Friedrichshafen. Ausbildung zur Grund- und Hauptschullehrerin an der PH Weingarten, anschl. Studium der Sonderpädagogik in Heidelberg, 1975 Diplom in Erziehungswissenschaften Univ. Heidelberg. 1979–88 Lehrerin an einer Sonderschule. Mitgl. der GEW. Seit Juni 1992 Ministerin für Familie, Frauen, Weiterbildung und Kunst. Parteimitgl. seit 1984; Mitgl. Landesvorst. und des Präsidiums der SPD-Baden-Württemberg. – MdL seit 14. 4. 1988.

Direktmandat Wahlkreis 34 (Heidelberg)

VETTER, Dr. Erwin CDU

Minister
Vordersteig 12a, 7505 Ettlingen

* 23. 1. 1937 Mannheim; kath., verh., 2 Kinder – Gymnasium und Abitur in Mannheim. Studium der Rechtswissenschaft in Heidelberg und Würzburg, 1. Staatsexamen 1960, 2. Staatsexamen 1964. Beim Landratsamt Tübingen 1964–67, beim Regierungspräsidium Nordbaden 1967–71, beim Staatsministerium 1972. Bürgermeister und Oberbürgermeister in Ettlingen 1972–87. AR-Mitgl. der Landesentwicklungsgesellschaft Baden-Württemberg, Mitgl. AR der Wohnungsbaugenossenschaft Familienheim Karlsruhe. Kreisvors. der CDU seit 1973; Mitgl. Bezirksvorst. seit 1973 und des Landesvorst. seit 1983. 1973–87 im Kreistag Landkreis Karlsruhe, Fraktionsvors. 1984–87. Mitgl. Regionalverb. Mittlerer Oberrhein 1973–87. 1987–92 Umweltminister, seit Juni 1992 Minister im Staatsministerium. – MdL seit 27. 4. 1992.

Direktmandat Wahlkreis 31 (Ettlingen)

VOSSSCHULTE, Christa CDU

Oberstudiendirektorin
Esslinger Straße 33/1, 7300 Esslingen am Neckar

* 23. 6. 1944 Bayrischzell; kath., ledig – Abitur in Gießen. Studium der Anglistik und Germanistik in Marburg, Freiburg, London und München. 1970 1. Staatsexamen, 1972 2. Staatsexamen. 1972–74 Studienassessorin am Wirtschaftsgymnasium in Heidenheim. Seit 1974 am Theodor-Heuss-Gymnasium Esslingen am Neckar, 1980 stellv. Schulleiterin. 1982–89 Referentin im Ministerium für Kultus und Sport. Seit August 1989 Schulleiterin am Theodor-Heuss-Gymnasium Esslingen am Neckar. Mitgl. CDU seit 1978; 1980–89 Mitgl. im Vorst. des Stadtverbandes Esslingen am Neckar. Mitgl. CDU-Landesfachausschuß Wissenschaft. Mitgl. Verwaltungsrat des Instituts für Auslandsbeziehungen, Mitgl. Stiftungsrat der Akademie für Technikfolgenabschätzung in Baden-Württemberg, Mitgl. im Verwaltungsrat der Württ. Staatstheater. – MdL seit 2. 10. 1989.

Direktmandat Wahlkreis 7 (Esslingen)

WABRO, Gustav CDU

Staatssekretär
Platanenweg 22, 7080 Aalen

* 14. 5. 1933 Neudorf (Böhmerwald); röm.-kath., verh., 2 Kinder – Volksschule in Neudorf, Gymnasium und Abitur in Ellwangen/Jagst. Studium der Rechtswissenschaften, 1. Staatsexamen 1958, Assessorexamen 1962. Landratsamt Biberach/Riß 1962–64. Verwaltungsgericht Sigmaringen, danach bis 1967 Bundesinnenministerium. 1967–70 bei der Vertretung des Landes Baden-Württemberg beim Bund. 1970–80 Landrat, zunächst des Landkr. Aalen, dann des Ostalbkreises. 1980–84 Ministerialdirektor im Staatsministerium BW. Seit 1984 Staatssekretär und Bevollmächtigter des Landes Baden-Württ. beim Bund, seit 1988 mit Stimmrecht in der Regierung. Mitgl. CDU-Landesvorst. Landesbeauftragter für Vertriebene, Flüchtlinge, Aussiedler und Kriegsgeschädigte im Staatsministerium BW, in diesem Zusammenhang Vors. bzw. Mitgl. in versch. Vereinen, Stiftungsräten und Kuratorien. Mitgl. Verwaltungsrat der Landeskreditbank BW und Beirat der Südwestdeutschen Landesbank Stuttgart. Vors. Bund der Vertriebenen, Landesverb. BW, Mitgl. Bundesvorst. der Sudetendeutschen Landsmannschaft. – MdL seit 28. 4. 1992.

Direktmandat Wahlkreis 26 (Aalen)

WALTER, Jürgen GRÜNE

Sprachwissenschaftler
Osterholzstraße 9, 7144 Asperg

* 11. 5. 1957 Stuttgart – Gymnasium und Abitur in Ludwigsburg. Studium Anglistik, Germanistik in Stuttgart und Eugene/Oregon (USA). 1985–86 Zivildienst. Mitarbeiter des Scala-Theaters in Ludwigsburg sowie der Landtagsfraktion der GRÜNEN. Mitarbeiter der Firma Ecotopia Productions, Künstlersekretariat, Filderstadt. 1983–91 Ortsvors. der GRÜNEN in Asperg. Seit 1989 Gemeinderat in Asperg. 1989–92 Mitgl. Kreistag in Ludwigsburg. 1984–87 Mitgl. Kreisvorst. der GRÜNEN in Ludwigsburg. – MdL seit 23. 4. 1992.

Zweitmandat Wahlkreis 12 (Ludwigsburg)

WEIMER, Gerd SPD

Oberstudienrat a.D.
Eschenweg 21, 7400 Tübingen

* 2.9.1948 Tübingen;ev., verh., 2 Kinder – Gymnasium und Abitur in Tübingen. 1967–69 Bundeswehr (Soldat auf Zeit). Studium der Politikwissenschaften, Geographie und Sport in Tübingen. Wissenschaftliche Prüfung 1974, pädagogische Prüfung 1976. Unterricht am Bildungszentrum Reutlingen-Nord. Gewerkschaftsmitgl. und Mitgl. in zahlr. örtlichen Organisationen und Vereinen. 1975–91 Stadtrat in Tübingen, 1984–89 ehrenamtl. Stellv. des Oberbürgermeisters, 1985–90 Fraktionsvors. der SPD im Gemeinderat. Mehrere Jahre Vorstandsmitgl. im Kreisverb. und im SPD-Ortsverein Tübingen, zuletzt stellv. Kreisvors. Mitgl. Verwaltungsrat des Landestheaters Württemberg-Hohenzollern. – MdL seit 12.4.1984; parl. Geschäftsführer der SPD-Fraktion.

Zweitmandat Wahlkreis 62 (Tübingen)

WEINGÄRTNER, Dr. Karl SPD

Professor
Hohenbergstraße 2, 7410 Reutlingen

* 12.1.1932 Heilbronn; ev.; verh., 3 Kinder. – Abitur. Studium Geschichte, Deutsch, Englisch und Philosophie in Tübingen und Heidelberg. Assistent und Stipendiat der Deutschen Forschungsgemeinschaft, 1. und 2. Staatsexamen für das Lehramt an Höheren Schulen, 1959 Dr. phil. 1960–66 Studienrat an einem Heidelberger Gymnasium, 1966 Dozent für Geschichte an der PH Reutlingen, 1970 Professor, 1971–76 Rektor. Seit 1987 Prof. für Geschichte PH Ludwigsburg. Mitgl. GEW, AWO und Naturfreunde. Im Vorst. der Volkshochschule Reutlingen und im Kuratorium des „Theater in der Tonne". Mitgl. Kuratorium der Landeszentrale für politische Bildung, Mitgl. Verwaltungsrat der Württ. Staatstheater, stellv. Vors. Beirat der Kunststiftung Bad.-Württ., Mitgl. Kuratorium und Beirat der Akademie Schloß Solitude, Mitgl. Kuratorium des Zentrums für Medien und Kultur, Karlsruhe. Mitgl. AR der Gemeinn. Altenheimges. mbH, Reutlingen. Seit 1971 Mitgl. Gemeinderat der Stadt Reutlingen, 1980–84 Fraktionsvors. 1973–78 und 1984 Mitgl. Kreistag. – MdL seit 13.4.1984; Kulturpol. Sprecher der SPD-Fraktion.
Zweitmandat Wahlkreis 60 (Reutlingen)

WEINMANN, Werner SPD

Staatssekretär
Raiffeisenstraße 15, 7024 Filderstadt 4

* 18.12.1935 Bonlanden bei Stuttgart; ev.; verh., 2 Kinder. – Volksschule. 1951–54 Lehre als Schriftsetzer in Stuttgart, während der Gehilfenzeit Besuch des Abendgymnasiums. Ab 1957 techn. Betriebsleiter einer Stuttgarter Druckerei. Meisterschule Stuttgart für das Graphische Gewerbe, 1963 Meisterprüfung als Schriftsetzer. 1964 Geschäftsgründung, Druckerei und Verlag in Bonlanden. Seit Juni 1992 Staatssekretär im Ministerium für Arbeit, Gesundheit und Sozialordnung. Ehrenamtl. im Kuratorium der Akademie des Handwerks Baden-Württemberg und im Vorst. des Württembergischen Landessportbundes. Mitgl. SPD-Landesvorst. und Präsidium, Landesschatzmeister der SPD Baden-Württemberg. – MdL seit Mai 1968.

Zweitmandat Wahlkreis 9 (Nürtingen)

WEISER, Dr. h. c. Gerhard   CDU

Minister
Weinbergstraße 7, 6901 Mauer
* 11.1.1931 Heidelberg; ev.; verh., 3 Kinder – Besuch der Volks- und Fachschule Wiesloch, 1948 landw. Gehilfenprüfung, 1956 Landwirtschaftsmeisterprüfung. Bewirtschaftung eines landw. Familienbetriebes in Mauer. 1962–76 Bürgermeister der Gemeinde Mauer. 1976–87 Minister für Ernährung, Landwirtschaft, Umwelt und Forsten, seit 1.7.1987 Minister für Ländlichen Raum, Ernährung, Landwirtschaft und Forsten. Ehrendoktor der Univ. Hohenheim. Mitgl. Verwaltungsrat der Landw. Rentenbank Frankfurt a. M., Ehrenamtl. Präs. Blasmusikverb. Baden-Württemberg e. V. sowie der Bundesvereinigung Deutscher Blas- und Volksmusikverbände e. V. Ehrenamtl. Vorstandsvors. des Diakonischen Werkes der Ev. Landeskirche Baden. Mitgl. Verwaltungsrat der Landeskreditbank Baden-Württemberg. Bezirksvors. CDU Nordbaden, Mitgl. Präsidium und Landesvorst. Baden-Württemberg. Mitgl. Bundesfachausschuß Agrarpolitik und der Bundeskommission „Ländlicher Raum" der CDU. Vors. Beirat des Fördervereins des Rehabilitationszentrums Neckargemünd e. V. – MdL seit 15.5.1968.
Direktmandat Wahlkreis 41 (Sinsheim)

WETTSTEIN, Karl-Peter   SPD

Oberstudienrat
Kantstraße 17, 6831 Plankstadt
* 29.4.1940 Freiburg i. Br.; ev.; verh., 2 Kinder – Hebelgymnasium in Schwetzingen, 1959 Abitur. Studium der Wirtschaftswissenschaften, Politik, Geschichte, Deutsch und Leibesübungen Univ. Heidelberg und Bonn, 1. Staatsexamen 1966, Assessorexamen 1967. 1968–72 am Gymnasium Philippsburg, seitdem Oberstudienrat am Carl-Friedrich-Gauß-Gymnasium in Hockenheim. 1970–71 Personalrat. Mitgl. der GEW. Mitgl. Stiftungsrat der Stiftung Entwicklungszusammenarbeit Baden-Württemberg. Stellv. Mitgl. Kuratorium der Steinbeis-Stiftung für Wirtschaftsförderung. Mitgl. des Unternehmerbeirats der Gesellschaft für wirtschaftliche Zusammenarbeit (GWZ). 1960 Mitbegründer des Sozialdemokratischen Hochschulbundes, 1963–64 dessen Bundesvors. 1968–69 Mitgl. Landesvorst. der Jungsozialisten. 1970–73 stellv. Kreisvors. der SPD Mannheim-Land, 1973–79 Mitgl. Landesvorst. der SPD Baden-Württemberg. 1983–89 stellv. Vors. SPD-Kreisverb. Rhein-Neckar. – MdL seit 16.5.1972.
Zweitmandat Wahlkreis 40 (Schwetzingen)

WEYROSTA, Claus   SPD

Freier Architekt BDA SRL
Felsenkellerweg 10, 7120 Bietigheim-Bissingen
* 15.3.1925 Breslau (Niederschlesien). – 1942 Notreifeprüfung. 1942–45 Wehrdienst, Leutnant d. R. 1945–48 Möbeltransport/Bauarbeiter, Facharbeiterprüfung Maurer. 1954 Staatsexamen FH für Technik Stuttgart. Freier Architekt, öff. bestellter/vereidigter Sachverständiger, Mitgl. Architektenkammer BW, BDA SRL, Deutscher Werkbund, Bad.-Württ. Baumeisterbund e. V. Deutscher Verband Wohnungswesen, Städtebau, Raumplanung e. V., Beirat Kuratorium FH für Technik Stuttgart, IG Bau Steine-Erden, Kuratorium der Steinbeis-Stiftung. 1962 Mitgl. SPD, 1970–75, 1977–89 Mitgl. SPD-Landesvorst. 1962–68 Stadtrat Bietigheim-Bissingen, 1965–68 Kreisrat/Kreistag Ludwigsburg. Mitgl. amnesty international, AWO, Europa Union, VVN, Deutsche Schiller-Gesellschaft, Deutscher Tierschutzbund, Bund für Umwelt und Naturschutz, seit 1989 Bundesvors. Naturfreunde Deutschlands. Mitgl. Vorst. Deutsch Polnische Gesellschaft e. V., Vors. Landesgruppe Baden-Württemberg. – MdL seit 1.2.1967; 1972–76 und 1980–84 stell Vors., 1976–80 parl. Geschäftsführer SPD-Fraktion. A 3.3.1993 Vors. d. Umweltausschusses.
Zweitmandat Wahlkreis 14 (Bietigheim-Bissingen)

WIESER, Franz   CDU

Oberstudiendirektor
Zum kleinen Feld 29, 7518 Bretten-Ruit

* 23.9.1941 Heilbronn; kath., verh., 1 Tochter – Volksschule. Anschl. Maschinenschlosserlehre und Schlossertätigkeit in Eppingen. 1962–65 Zweiter Bildungsweg, Fachschulreife, Maschinentechnikerschule und Konstruktionstätigkeit in Mannheim. 1965–68 Studium der Wirtschafts- und Betriebstechnik an der FH Karlsruhe. 1968–70 Wirtschaftsingenieur in Karlsruhe. Gewerbelehrer in Ettlingen. 1974–76 Ergänzungsstudium Univ. Stuttgart (Wirtschafts- und Politikwissenschaften), anschl. 1. und 2. Staatsexamen. 1980–85 Referatsleiter für gewerbliche Berufsfelder am Landesinstitut für Erziehung und Unterricht, Abordnung an das Ministerium für Kultus und Sport in Stuttgart. Seit 1985 Leiter der Gewerbeschule Bretten. Vors. Beirat der Arbeitsgemeinschaft Wasserkraftwerke Baden-Württemberg e. V., Sitz Stuttgart (ehrenamtl.). 1976–87 CDU-Ortsvors. in Ötigheim. 1980–87 Gemeinderat in Ötigheim, ab 1985 1. stellv. Bürgermeister. Seit 1984 Bezirksvors. der CDA Nordbaden. Seit 1990 stellv. CDU-Bezirksvors. Nordbaden. – MdL seit 14.4.1988.
Direktmandat Wahlkreis 30 (Bretten)

WILHELM, Rolf   REP

Polizeihauptmeister
Ehrlichweg 11 A, 7000 Stuttgart 80

* 19.2.1956 Stuttgart; ev., verh. – Grundschule, Realschule in Stuttgart, Mittlere Reife 1973. Eintritt in die Bereitschaftspolizei Baden-Württemberg, II. Abteilung Göppingen, 1975 Versetzung zur Landespolizeidirektion Stuttgart II; Revier- und Streifendienst beim Polizeirevier Böheimstraße. Polizeihauptmeister und stellv. Dienstgruppenführer. Mitgl. Aufsichtsrat der SWSG. Mitgl. der Partei Die Republikaner seit Okt. 1987, Kreisvors. in Stuttgart, stellv. Landesvors. Seit 1989 Stadtrat in Stuttgart, Mitgl. Verwaltungsausschuß. – MdL seit 5.5.1992.

Zweitmandat Wahlkreis 61 (Hechingen-Münsingen)

WIMMER, Brigitte   SPD

Schriftsetzerin
Frauenalber Straße 7, 7500 Karlsruhe 51

* 22.5.1946 Bad Mergentheim; verh., 2 Kinder – Volksschule in Niederstetten. Schriftsetzerlehre in Bad Mergentheim, als Schriftsetzerin bis Januar 1984 in Karlsruhe fest angestellt. Mitgl. der IG Medien. Stellv. Landesvors. der SPD. Mitgl. Kuratorium der Landeszentrale für politische Bildung, Mitgl. im Verwaltungsrat des Bad. Staatstheaters. – MdL seit 13.4.1984; stellv. Vors. der SPD-Fraktion.

Zweitmandat Wahlkreis 28 (Karlsruhe II)

WINTRUFF, Peter SPD

Oberstudienrat
Friedenstraße 31, 7523 Graben-Neudorf

* 27.3.1940 Stettin-Altdamm; ev., verh., 3 Kinder – 1959 Abitur und Baupraktikum. 1959–65 Studium Bauingenieurwesen an der TH Karlsruhe, 1965 Diplom-Hauptprüfung. Zwei Jahre Statiker bei Bauingenieurbüro und Stahlbaufirma. Ab 1968 Studienreferendar in Karlsruhe und Berufspädagogische Hochschule in Stuttgart, seit 1973 Oberstudienrat. Seit 1968 SPD-Mitgl.; 1975–85 SPD-Kreisvors. Karlsruhe-Land. Seit 1968 Gemeinderat in Graben-Neudorf. Seit 1973 Mitgl. Kreistag Karlsruhe. – MdL 1980–84 und seit 1988; Vors. Ausschuß für Schule, Jugend und Sport.

Zweitmandat Wahlkreis 30 (Bretten)

WITZEL, Dr. Walter GRÜNE

Oberstudienrat
Im Laimacker 93, 7802 Merzhausen

* 8.1.1949 Bückeburg; ev., verh., 2 Kinder – Gymnasium und Abitur in Bückeburg. 1968–69 ziviler Ersatzdienst in Hannover. Studium der Mathematik, Physik und Pädagogik in Göttingen, Stuttgart und Freiburg, Diplom in Mathematik 1974. 1974–75 wiss. Mitarbeiter Univ. Freiburg. 1975–76 Referendariat für das Lehramt an Gymnasien. Seit 1976 Lehrer am Goethe-Gymnasium in Freiburg. 1980 Promotion. 1972–78 Mitherausgeber der Zeitschrift „blätter des iz3w (Informationszentrum Dritte Welt Freiburg)". 1978–84 Leiter eines Arbeitskreises am Öko-Institut in Freiburg. Mitgl. DIE GRÜNEN seit 1982. Seit 1984 Gemeinderat in Merzhausen. 1984–92 Mitgl. Kreistag Breisgau-Hochschwarzwald und Fraktionsvors. der GRÜNEN im Gemeinderat Merzhausen. – MdL seit 27.4.1992.

Zweitmandat Wahlkreis 46 (Freiburg I)

WONNAY, Marianne SPD

Hausfrau
Dorfstraße 64, 7830 Emmendingen-Mundingen

* 26.9.1952 Nordheim/Kreis Heilbronn; verh., 1 Tochter – Abitur in Vaihingen a.d. Enz. Wirtschaftskorrespondentenausbildung. 1973–84 Sekretärin in Schwieberdingen und Freiburg. Seit 1984 Hausfrau. SPD-Mitgl. seit 1988; seit 1990 stellv. Vors. SPD-Ortsverein Mundingen, Mitgl. SPD-Kreisvorst. und Kreisvors. der AsF Gründungs- und Vorstandsmitgl. des Kreises Eltern und Erzieherinnen e.V. – MdL seit 24.4.1992.

Zweitmandat Wahlkreis 49 (Emmendingen)

ZELLER, Norbert SPD

Sonderschullehrer
Teuringer Straße 40, 7990 Friedrichshafen

* 21.8.1950 Friedrichshafen; verh., 2 Kinder – Wirtschaftsgymnasium in Friedrichshafen. Studium an der PH Weingarten und an der PH Reutlingen, Fachbereich Sonderpädagogik. 1. (1978) und 2. Staatsprüfung (1980) für das Lehramt an Sonderschulen. Unterricht an den Schulen für Lernbehinderte in Friedrichshafen und Kressbronn. Seit 1975 Mitgl. der GEW und seit 1978 Mitgl. Verb. Deutscher Sonderschulen e. V., Fachverband für Behindertenpädagogik. Mitgl. Beirat der Stadtverkehr Friedrichshafen GmbH. Seit 1979 Mitgl. im Kreistag des Bodenseekreises und seit 1980 Mitgl. im Stadtrat von Friedrichshafen. SPD-Fraktionsvors. des Regionalverbands Bodensee-Oberschwaben. Vorstandsmitgl. der Sozialistischen Bodensee-Internationale. Mitgl. der AWO, des Deutschen Kinderschutzbundes, des BUND und der West-Ost-Gesellschaft in Baden-Württemberg e. V. – MdL seit 14.4.1988.

Zweitmandat Wahlkreis 67 (Bodensee)

ZIMMERMANN, Gerd CDU

Bürgermeister
Buchenstraße 26, 6927 Bad Rappenau

* 9.10.1947 Hockenheim; ev.; verh., 2 Kinder – Volksschule in Altlußheim. Ausbildung im gehobenen Verwaltungsdienst, Diplomverwaltungswirt (FH). Studium an der Verwaltungs- und Wirtschaftsakademie mit Erwerb des Verwaltungsdiploms. Stadtamtsrat bis Januar 1977. Bürgermeister von Bad Rappenau seit Februar 1978. Mitgl. im Hauptausschuß und im Ausschuß für mittlere Städte im Deutschen Städtetag. Mitgl. im Fachausschuß für die Anerkennung von Luftkurorten und Erholungsorten beim Regierungspräsidium Stuttgart. Aufsichtsrats- bzw. Verwaltungsratsvors. folgender Gesellschaften: Volksbank Bad Rappenau eG, Kur- und Klinikverwaltung GmbH, Schwärzberg-Klinik GmbH, Salinen-Klinik GmbH, Kurklinik GmbH, Kurbau GmbH. Verwaltungsratsvors. Zweckverb. Wasserversorgungsgruppe Mühlbach in Bad Rappenau, Verwaltungsratsmitgl. des Bad. Staatstheaters. Mitgl. Kreistag Landkreis Heilbronn seit 1979, Mitgl. in der Verbandsvers. Regionalverb. Franken. Vorst. des örtl. Heimatvereins und des Ökumenischen Krankenpflegevereins. – MdL seit 13.4.1988.
Direktmandat Wahlkreis 19 (Eppingen)

FRAKTIONEN

Christlich Demokratische Union CDU (64 Mitglieder)

Vorsitzender:	Oettinger
Stellv. Vorsitzende:	Haasis
	Kurz
	Seimetz
	Sieber
Schatzmeister	Wieser

Baumhauer
Bloemecke
Döpper
Dreier
Fleischer
Göbel
Haas, Alfred
Haasis
Hauk
Heinz
Dr. Hopmeier
Dr. Hübner, Claudia
Keitel
Dr. Klunzinger
Köberle
Kurz
Dr. Lang
Lazarus, Ursula
Leicht
List
Lorenz, Hans
Dr. Maus
Dr. Mauz
Mayer-Vorfelder
Meyer
Mühlbeyer
Müller, Ulrich
Östreicher
Oettinger
Dr. Ohnewald
Rau
Rebhan
Rech
Reddemann
Dr. Reinhart
Remppel
Dr. Repnik
Ruder
Rückert
Schäfer-Wiegand, Barbara
Dr. Schäuble
Schaufler
Scheffold
Scheuermann
Schlee
Schneider
Schöttle
Dr. Schultz-Hector, Marianne
Schweizer, Rosely
Seimetz
Sieber
Stächele
Stratthaus
Straub
Ströbele
Teufel
Tölg
von Trotha
Dr. Vetter
Vossschulte, Christa
Wabro
Dr. h.c. Weiser
Wieser
Zimmermann

Sozialdemokratische Partei Deutschlands SPD (46 Mitglieder)

Vorsitzender: Maurer

Stellv. Vorsitzende: Dr. Caroli
Birgit Kipfer
Köder
Schrempp
Brigitte Wimmer

Parl. Geschäftsführer: Weimer

Vorstandsmitglied: Dr. Geisel (Erster stellv. Präsident)

Bebber	Nagel
Birzele	Dr. Puchta
Brechtken	Redling
Bregenzer, Carla	Reinelt
Brinkmann	Schmiedel
Dr. Caroli	Schöffler
Daffinger	Schrempp
Drexler	Seltenreich
Gaßmann	Solinger, Helga
Dr. Geisel	Dr. Spöri
Göschel	Stoltz, Dieter
Goll	Teßmer
Haas, Gustav-Adolf	Ulmer, Helga
Heiler	Unger-Soyka, Brigitte
Hund	Weimer
Kielburger	Dr. Weingärtner
Kiesecker	Weinmann
Kipfer, Birgit	Wettstein
Köder	Weyrosta
Lorenz, Eberhard	Wimmer, Brigitte
Maurer	Wintruff
Mogg	Wonnay, Marianne
Dr. Müller, Walter	Zeller

Die Republikaner REP (15 Mitglieder)

Vorsitzender:	Dr. Schlierer
Stellv. Vorsitzende:	Trageiser
	Deuschle
	Rapp
Schatzmeister:	Schaal

Auer
Bühler
Deuschle
Dr. Eckert
Herbricht
König
Krisch
Offermanns, Liane

Rapp
Reimann
Schaal
Dr. Schlierer
Trageiser
Troll
Wilhelm

DIE GRÜNEN Baden-Württemberg GRÜNE (13 Mitglieder)

Vorsitzender:	Kuhn
Stellv. Vorsitzende:	Birgitt Bender
	Jacobi

Bender, Birgitt
Buchter
Bütikofer
Hackl
Jacobi
Kuhn
Renz

Dr. Salomon
Schlauch
Schnaitmann, Monika
Stolz, Gerhard
Walter
Dr. Witzel

Freie Demokratische Partei/
Demokratische Volkspartei FDP/DVP (8 Mitglieder)

Vorsitzender:	Dr. Döring
Stellv. Vorsitzende:	Pfister (zugleich mit den parlamentarischen Funktionen des Geschäftsführers)
	Schöning

Albrecht
Dr. Döring
Drautz
Kiel

Kiesswetter
Pfister
Dr. Scharf
Schöning

PRÄSIDIUM, SCHRIFTFÜHRER

Präsidium (17 Mitglieder)

Präsident	Dr. Fritz Hopmeier	CDU
Erster stellv. Präsident	Dr. Alfred Geisel	SPD
Zweiter stellv. Präsident	Peter Straub	CDU

Fraktion	Mitglieder	Stellvertreter
CDU	Oettinger	Fleischer
	Haasis	Hübner, Dr. Claudia
	Kurz	Dr. Klunzinger
	Seimetz	Dr. Lang
	Sieber	Dr. Maus
	Wieser	Mühlbeyer
		Rebhan
		Vossschulte, Christa
SPD	Köder	Bebber
	Lorenz, Eberhard	Bregenzer, Carla
	Maurer	Drexler
	Schrempp	Kiesecker
	Weimer	Wimmer, Brigitte
REP	Dr. Schlierer	Trageiser
GRÜNE	Kuhn	Bender, Birgitt
FDP/DVP	Dr. Döring	Pfister

Schriftführer

CDU	Bloemecke	SPD	Bregenzer, Carla
	Göbel		Haas, Gustav-Adolf
	Hübner, Dr. Claudia		Schöffler
	Dr. Klunzinger		Ulmer, Helga
	Rückert		Wonnay, Marianne
	Scheffold		
	Schweizer, Rosely	REP	Krisch
		GRÜNE	Stolz, Gerhard
		FDP/DVP	Dr. Scharf

AUSSCHÜSSE[1]

Ständiger Ausschuß (15 Mitglieder)

Vorsitzender:	Dr. Lang	CDU
Stellv. Vorsitzender:	Dr. Schlierer	REP

Fraktion	Mitglieder	Stellvertreter
CDU	Dr. Lang Dr. Ohnewald Rech Dr. Reinhart Schäfer-Wiegand, Barbara Schneider Stächele	Bloemecke, Fleischer, Haasis, Dr. Klunzinger, Leicht, Dr. Maus, Meyer, Mühlbeyer, Oettinger, Rebhan, Remppel, Ruder, Schlee, Schöttle, Rosely Schweizer, Seimetz, Sieber, Straub, Ströbele, Tölg, Zimmermann
SPD	Bebber Kiesecker Kipfer, Birgit Mogg Dr. Puchta	Dr. Caroli, Drexler, Dr. Geisel, Heiler, Kielburger, Köder, Maurer, Redling, Schmiedel, Schöffler, Schrempp, Seltenreich, Weimer, Dr. Weingärtner, Weyrosta
REP	Dr. Schlierer	Deuschle, Rapp, Trageiser
GRÜNE	Schlauch	Birgitt Bender, Bütikofer, Dr. Salomon
FDP/DVP	Kiesswetter	Albrecht, Dr. Döring, Schöning

---

1) Die Stellvertreter sind jeweils im Alphabet aufgeführt und keine persönlichen Stellvertreter der Mitglieder.

Finanzausschuß (15 Mitglieder)

Vorsitzender:	Dr. Puchta	SPD
Stellv. Vorsitzender:	Schöning	FDP/DVP

Fraktion	Mitglieder	Stellvertreter
CDU	Keitel Leicht List Meyer Schöttle Schweizer, Rosely Stratthaus	Bloemecke, Alfred Haas, Haasis, Heinz, Dr. Claudia Hübner, Kurz, Dr. Lang, Ursula Lazarus, Ulrich Müller, Östreicher, Oettinger, Dr. Ohnewald, Rebhan, Dr. Repnik, Rückert, Scheffold, Scheuermann, Sieber, Ströbele, Christa Vossschulte, Wieser
SPD	Dr. Geisel Kiesecker Köder Dr. Puchta Ulmer, Helga	Bebber, Dr. Caroli, Drexler, Birgit Kipfer, Eberhard Lorenz, Maurer, Mogg, Redling, Schöffler, Schrempp, Seltenreich, Dieter Stoltz, Dr. Weingärtner, Brigitte Wimmer, Zeller
REP	Trageiser	Deuschle, König, Rapp
GRÜNE	Bütikofer	Birgitt Bender, Jacobi, Kuhn
FDP/ DVP	Schöning	Dr. Döring, Kiesswetter, Pfister

Wirtschaftsausschuß (15 Mitglieder)

Vorsitzender:	Fleischer	CDU
Stellv. Vorsitzender:	Wettstein	SPD

Fraktion	Mitglieder	Stellvertreter
CDU	Bloemecke Fleischer Kurz Dr. Lang Remppel Schlee Tölg	Göbel, Alfred Haas, Dr. Claudia Hübner, Keitel, Dr. Klunzinger, Hans Lorenz, Mühlbeyer, Ulrich Müller, Oettinger, Dr. Reinhart, Dr. Repnik, Ruder, Rückert, Scheffold, Schöttle, Rosely Schweizer, Seimetz, Sieber, Stratthaus, Ströbele, Wieser
SPD	Schrempp Stoltz, Dieter Wettstein Weyrosta Zeller	Bebber, Brinkmann, Gaßmann, Dr. Geisel, Goll, Kielburger, Kiesecker, Birgit Kipfer, Eberhard Lorenz, Maurer, Dr. Walter Müller, Nagel, Dr. Puchta, Weimer, Wintruff
REP	Rapp	Krisch, Schaal, Trageiser
GRÜNE	Renz	Kuhn, Walter, Dr. Witzel
FDP/ DVP	Dr. Döring	Drautz, Kiel, Pfister

Innenausschuß (15 Mitglieder)

Vorsitzender:	Dr. Maus	CDU
Stellv. Vorsitzender:	Kielburger	SPD

Fraktion	Mitglieder	Stellvertreter
CDU	Haasis List Dr. Maus Ruder Rückert Ströbele Zimmermann	Bloemecke, Göbel, Alfred Haas, Heinz, Keitel, Dr. Lang, Mühlbeyer, Ulrich Müller, Östreicher, Oettinger, Rebhan, Rech, Dr. Reinhart, Remppel, Scheffold, Scheuermann, Schneider, Stächele, Stratthaus, Straub, Christa Vossschulte
SPD	Göschel Heiler Kielburger Redling Schrempp	Carla Bregenzer, Dr. Geisel, Hund, Eberhard Lorenz, Maurer, Nagel, Schmiedel, Schöffler, Dieter Stoltz, Teßmer, Helga Ulmer, Weimer, Brigitte Wimmer, Marianne Wonnay, Zeller
REP	Wilhelm	Auer, Dr. Schlierer, Troll
GRÜNE	Hackl	Birgitt Bender, Jacobi, Schlauch
FDP/ DVP	Albrecht	Drautz, Kiel, Kiesswetter

Ausschuß für Schule, Jugend und Sport (15 Mitglieder)

Vorsitzender:	Wintruff	SPD
Stellv. Vorsitzende:	Ursula Lazarus	CDU

Fraktion	Mitglieder	Stellvertreter
CDU	Lazarus, Ursula Meyer Rau Rebhan Seimetz Vossschulte, Christa Wieser	Döpper, Fleischer, Alfred Haas, Hauk, Heinz, Dr. Claudia Hübner, Dr. Klunzinger, List, Hans Lorenz, Dr. Mauz, Östreicher, Oettinger, Dr. Ohnewald, Rech, Remppel, Dr. Repnik, Ruder, Barbara Schäfer-Wiegand, Schlee, Schneider, Stächele
SPD	Bregenzer, Carla Gaßmann Wimmer, Brigitte Wintruff Zeller	Dr. Caroli, Daffinger, Göschel, Goll, Gustav-Adolf Haas, Kielburger, Maurer, Dr. Puchta, Seltenreich, Teßmer, Helga Ulmer, Weimer, Dr. Weingärtner, Wettstein, Marianne Wonnay
REP	König	Dr. Eckert, Liane Offermanns, Schaal
GRÜNE	Schnaitmann, Monika	Jacobi, Gerhard Stolz, Dr. Witzel
FDP/DVP	Pfister	Drautz, Kiesswetter, Schöning

Umweltausschuß (15 Mitglieder)

Vorsitzender: Weyrosta SPD
Stellv. Vorsitzender: Alfred Haas CDU

Fraktion	Mitglieder	Stellvertreter
CDU	Göbel Haas, Alfred Hauk Lorenz, Hans Müller, Ulrich Scheuermann Sieber	Döpper, Fleischer, Heinz, Keitel, Kurz, List, Dr. Mauz, Östreicher, Oettinger, Dr. Ohnewald, Rau, Rech, Remppel, Rückert, Schneider, Schöttle, Rosely Schweizer, Stächele, Straub, Wieser, Zimmermann
SPD	Brinkmann Dr. Caroli Drexler Schmiedel Weyrosta	Bebber, Carla Bregenzer, Daffinger, Goll, Gustav-Adolf Haas, Heiler, Birgit Kipfer, Köder, Maurer, Dr. Walter Müller, Schöffler, Teßmer, Weimer, Brigitte Wimmer, Zeller
REP	Bühler	König, Reimann, Troll
GRÜNE	Kuhn	Buchter, Hackl, Walter
FDP/ DVP	Kiel	Dr. Döring, Drautz, Dr. Scharf

Sozialausschuß (15 Mitglieder)

Vorsitzender:	Mühlbeyer	CDU
Stellv. Vorsitzender:	Hund	SPD

Fraktion	Mitglieder	Stellvertreter
CDU	Döpper Haas, Alfred Dr. Mauz Mühlbeyer Östreicher Dr. Repnik Rückert	Bloemecke, Göbel, Hauk, Kurz, Dr. Lang, Leicht, List, Hans Lorenz, Dr. Maus, Meyer, Oettinger, Rau, Rebhan, Rech, Scheffold, Schlee, Seimetz, Ströbele, Tölg, Wieser, Zimmermann
SPD	Daffinger Goll Hund Müller, Dr. Walter Seltenreich	Carla Bregenzer, Brinkmann, Dr. Caroli, Drexler, Gaßmann, Heiler, Maurer, Mogg, Nagel, Schrempp, Helga Ulmer, Weimer, Wettstein, Brigitte Wimmer, Marianne Wonnay
REP	Auer	Bühler, Dr. Eckert, Liane Offermanns
GRÜNE	Bender, Birgitt	Bütikofer, Monika Schnaitmann
FDP/ DVP	Kiesswetter	Albrecht, Dr. Döring, Pfister

Verkehrsausschuß (15 Mitglieder)

Vorsitzender:	Deuschle	REP
Stellv. Vorsitzender:	Scheffold	CDU

Fraktion	Mitglieder	Stellvertreter
CDU	Heinz Lazarus, Ursula Müller, Ulrich Scheffold Scheuermann Ströbele Tölg	Döpper, Fleischer, Göbel, Alfred Haas, Haasis, Hauk, Keitel, Kurz, Leicht, List, Oettinger, Rau, Rebhan, Rech, Dr. Reinhart, Remppel, Rückert, Barbara Schäfer-Wiegand, Schöttle, Stratthaus, Straub
SPD	Bregenzer, Carla Göschel Lorenz, Eberhard Schöffler Haas, Gustav-Adolf	Dr. Caroli, Daffinger, Drexler, Goll, Hund, Kielburger, Kiesecker, Maurer, Dr. Walter Müller, Schmiedel, Dieter Stoltz, Weimer, Dr. Weingärtner, Weyrosta, Zeller
REP	Deuschle	Auer, Bühler, Krisch
GRÜNE	Stolz, Gerhard	Hackl, Monika Schnaitmann, Walter
FDP/ DVP	Dr. Scharf	Drautz, Kiesswetter, Schöning

Ausschuß für Familie, Frauen, Weiterbildung und Kunst
(15 Mitglieder)

Vorsitzende:	Birgitt Bender	GRÜNE
Stellv. Vorsitzender:	Dr. Mauz	CDU

Fraktion	Mitglieder	Stellvertreter
CDU	Hübner, Dr. Claudia Dr. Mauz Rau Dr. Repnik Seimetz Sieber Wieser	Hauk, Heinz, Dr. Klunzinger, Kurz, Ursula Lazarus, Leicht, Hans Lorenz, Meyer, Mühlbeyer, Ulrich Müller, Oettinger, Dr. Ohnewald, Dr. Reinhart, Rückert, Ruder, Barbara Schäfer-Wiegand, Scheffold, Rosely Schweizer, Stratthaus, Christa Vossschulte, Zimmermann
SPD	Dr. Geisel Ulmer, Helga Dr. Weingärtner Wimmer, Brigitte Wonnay, Marianne	Carla Bregenzer, Daffinger, Drexler, Gaßmann, Heiler, Hund, Kiesecker, Birgit Kipfer, Maurer, Dr. Walter Müller, Dr. Puchta, Redling, Schmiedel, Schrempp, Weimer
REP	Offermanns, Liane	Auer, Deuschle, Dr. Eckert
GRÜNE	Bender, Birgitt	Jacobi, Monika Schnaitmann
FDP/ DVP	Dr. Döring	Kiel, Kiesswetter, Pfister

Ausschuß für Ländlichen Raum und Landwirtschaft (15 Mitglieder)

Vorsitzender:	Teßmer	SPD
Stellv. Vorsitzender:	Göbel	CDU

Fraktion	Mitglieder	Stellvertreter
CDU	Göbel Hauk Heinz Lorenz, Hans Östreicher Scheffold Zimmermann	Döpper, Alfred Haas, Haasis, Keitel, Ursula Lazarus, Dr. Maus, Dr. Mauz, Meyer, Oettinger, Rebhan, Remppel, Dr. Repnik, Rückert, Scheuermann, Schöttle, Rosely Schweizer, Seimetz, Sieber, Stratthaus, Ströbele, Tölg
SPD	Dr. Caroli Haas, Gustav-Adolf Kipfel, Birgit Schöffler Teßmer	Bebber, Brinkmann, Göschel, Heiler, Hund, Köder, Maurer, Mogg, Dr. Walter Müller, Weimer, Dr. Weingärtner, Wettstein, Brigitte Wimmer, Wintruff, Marianne Wonnay
REP	Deuschle	Herbricht, Reimann, Wilhelm
GRÜNE	Buchter	Schlauch, Walter
FDP/ DVP	Drautz	Albrecht, Dr. Döring, Pfister

Ausschuß für Wissenschaft und Forschung (15 Mitglieder)

Vorsitzender:	Dr. Klunzinger	CDU
Stellv. Vorsitzender:	Bloemecke	CDU

Fraktion	Mitglieder	Stellvertreter
CDU	Bloemecke Hübner, Dr. Claudia Dr. Klunzinger Remppel Schäfer-Wiegand, Barbara Stächele Vossschulte, Christa	Döpper, Göbel, Haasis, Hauk, Kurz, Dr. Lang, List, Dr. Maus, Dr. Mauz, Meyer, Oettinger, Rau, Dr. Repnik, Ruder, Scheuermann, Schlee, Schneider, Seimetz, Sieber, Straub, Tölg
SPD	Bebber Mogg Nagel Weimer Dr. Weingärtner	Gaßmann, Köder, Eberhard Lorenz, Maurer, Dr. Walter Müller, Dr. Puchta, Redling, Schrempp, Seltenreich, Dieter Stoltz, Wettstein, Weyrosta, Brigitte Wimmer, Wintruff, Zeller
REP	Dr. Eckert	Herbricht, Dr. Schlierer, Trageiser
GRÜNE	Dr. Salomon	Bütikofer, Renz
FDP/DVP	Dr. Scharf	Kiel, Pfister, Schöning

Petitionsausschuß (26 Mitglieder)

Vorsitzender:	Rebhan	CDU
Stellv. Vorsitzender:	Schmiedel	SPD

Fraktion	Mitglieder	Stellvertreter
CDU	Döpper Haas, Alfred Dr. Klunzinger Mühlbeyer Dr. Ohnewald Rebhan Rech Dr. Reinhart Schneider Schweizer, Rosely Stratthaus Straub	Bloemecke, Göbel, Haasis, Hauk, Heinz, Dr. Claudia Hübner, Keitel, Dr. Lang, Ursula Lazarus, Leicht, List, Hans Lorenz, Dr. Maus, Dr. Mauz, Meyer, Ulrich Müller, Östreicher, Oettinger, Rau, Remppel, Dr. Repnik, Ruder, Rückert, Barbara Schäfer-Wiegand, Scheffold, Scheuermann, Schlee, Schöttle, Seimetz, Sieber, Stächele, Ströbele, Tölg, Christa Vossschulte, Wieser, Zimmermann
SPD	Brinkmann Gaßmann Heiler Müller, Dr. Walter Nagel Redling Schmiedel Seltenreich Wonnay, Marianne	Bebber, Carla Bregenzer, Dr. Caroli, Daffinger, Drexler, Dr. Geisel, Göschel, Hund, Kielburger, Kiesecker, Köder, Eberhard Lorenz, Maurer, Mogg, Dr. Puchta, Schöffler, Schrempp, Dieter Stoltz, Teßmer, Helga Ulmer, Weimer, Dr. Weingärtner, Wettstein, Weyrosta, Brigitte Wimmer, Wintruff, Zeller
REP	Dr. Eckert Troll	König, Liane Offermanns, Reimann, Schaal, Wilhelm
GRÜNE	Renz Walter	Bütikofer, Hackl, Jacobi, Dr. Witzel
FDP/ DVP	Drautz	Kiel, Kiesswetter, Dr. Scharf

Ausschuß nach Artikel 62 der Verfassung (Notparlament)
(17 Mitglieder)

Vorsitzender:	Präsident Dr. Hopmeier CDU
Stellv. Vorsitzender:	Erster stellvertretender
	Präsident Dr. Geisel SPD

Fraktion	Mitglieder	*Stellvertreter*
CDU	Haasis Dr. Hopmeier Kurz Oettinger Seimetz Sieber Straub Wieser	Bloemecke, Fleischer, Göbel, Dr. Claudia Hübner, Keitel, Dr. Klunzinger, Dr. Lang, Dr. Maus, Mühlbeyer, Östreicher, Rebhan, Dr. Repnik, Scheuermann, Stächele, Ströbele, Christa Vossschulte
SPD	Dr. Geisel Maurer Redling Schrempp Weimer Wimmer, Brigitte	Bebber, Carla Bregenzer, Brinkmann, Dr. Caroli, Hund, Birgit Kipfer, Köder, Dr. Puchta, Schmiedel, Stoltz, Teßmer, Marianne Wonnay
REP	Dr. Schlierer	Trageiser
GRÜNE	Schlauch	Bütikofer, Jacobi
FDP/ DVP	Dr. Döring	Pfister, Schöning

Wahlprüfungsausschuß (10 Mitglieder)

Vorsitzender:	Bebber	SPD
Stellv. Vorsitzender:	Dr. Maus	CDU

Fraktion	Mitglieder	Stellvertreter
CDU	Dr. Lang Dr. Maus Rückert Straub	Fleischer, Dr. Klunzinger, Dr. Ohnewald, Stächele
SPD	Bebber Drexler Kiesecker	Köder, Redling, Teßmer
REP	Dr. Schlierer (beratend)	Rapp
GRÜNE	Schnaitmann, Monika (beratend)	Bütikofer
FDP/ DVP	Kiesswetter (beratend)	

Gremium nach Artikel 10 GG (5 Mitglieder)

Vorsitzender:	Dr. Maus	CDU
Stellv. Vorsitzender:	Schrempp	SPD

Fraktion	Mitglieder	Stellvertreter
CDU	Dr. Maus Zimmermann	Dr. Claudia Hübner, Dr. Lang, Dr. Reinhart, Scheuermann, Stächele, Ströbele
SPD	Schrempp	Bebber, Kiesecker, Redling, Wettstein
GRÜNE	Schlauch	
FDP/ DVP	Kiesswetter	

BERUFLICHE GLIEDERUNG DER ABGEORDNETEN

Stand: August 1992

		CDU (64)	SPD (46)	REP (15)	GRÜNE (13)	FDP/DVP (8)	LANDTAG (146)
1.	**Arbeitnehmertätigkeiten im privaten und gesellschaftlichen Bereich**						
1.1	Privatwirtschaft	1	4	3	1	1	10
1.2	Kirchen, soziale Einrichtungen	–	–	–	2	–	2
1.3	Gewerkschaften	–	2	–	–	–	2
1.4	Verbände	4	–	2	–	–	6
		5 (3,4%)	6 (4,1%)	5 (3,4%)	3 (2,1%)	1 (0,7%)	20 (13,7%)
2.	**Öffentlicher Dienst**						
2.1	Richter, Staats-, Amtsanwälte	–	3	–	–	–	3
2.2	Beamte und Angestellte des Landes						
2.2.1	Verwaltung	2	3	1	2	1	9
2.2.2	Lehrkräfte an Hochschulen	2	3	–	1[1]	–	6
2.2.3	Lehrkräfte an Höheren Schulen, Berufsschulen	5	5	–	1	2	13
2.2.4	Lehrkräfte an Grund-, Haupt-, Sonder- und Realschulen	1	6	1	1	–	9
2.3	Gemeinden, Landkreise, Körperschaften etc. unter Aufsicht bzw. Beteiligung des Landes (darunter Oberbürgermeister, Bürgermeister, Landräte)	12 (8)	4 (1)	1	1	1 (1)	19 (10)
		22 (15,1%)	24 (16,4%)	3 (2,1%)	6 (4,1%)	4 (2,7%)	59 (40,4%)

---

[1] Private Hochschule

		CDU	SPD	REP	GRÜNE	FDP/DVP	LANDTAG
		(64)	(46)	(15)	(13)	(8)	(146)
3.	**Regierungsmitglieder, Politische Staatssekretäre**						
3.1	Regierungsmitglieder	10	6	–	–	–	16
3.2	Politische Staatssekretäre	3	1	–	–	–	4
		13	7				20
		(8,9%)	(4,8%)				(13,7%)
4.	**Ehemalige Regierungsmitglieder**	9					9
		(6,2%)					(6,2%)
5.	**Selbständige Tätigkeiten**						
5.1	Architekten und Ingenieure	2	1	–	–	–	3
5.2	Rechtsanwälte	6	4	1[1]	1	1	13
5.3	Handwerker	2	–	–	–	–	2
5.4	Unternehmer, selbständige Gewerbetreibende	3[2]	–	3	–	–	6
5.5	Ärzte, Apotheker	1	1	1	–	–	3
5.6	Landwirtschaft	1	–	–	–	1	2
		15	6	5	1	2	29
		(10,3%)	(4,1%)	(3,4%)	(0,7%)	(1,4%)	(19,9%)
6.	**Hausfrauen, Hausmänner**	1	2	1	–	–	4
		(0,7%)	(1,4%)	(0,7%)			(2,8%)
7.	**Pensionäre, Rentner**	–	1	2	–	1	4
			(0,7%)	(1,4%)		(0,7%)	(2,8%)
6.	**Ohne Berufstätigkeiten** nach Ziffern 1–7	–	–	–	3	–	3
					(2,1%)		(2,1%)

---

[1] 1 Abg. auch bei 5.5 aufgeführt
[2] 1 Abg. auch bei 6 aufgeführt

ALTERSSTRUKTUR DER ABGEORDNETEN

Stand: 1. Juni 1992

Altersgruppe (Jahre)	Fraktion CDU Abg.	%	Fraktion SPD Abg.	%	Fraktion REP Abg.	%	Fraktion GRÜNE Abg.	%	Fraktion FDP/DVP Abg.	%	Gesamter Landtag Abg.	%
27–30	–	–	–	–	1	0,7	–	–	–	–	1	0,7
31–35	2	1,4	–	–	–	–	4	2,7	–	–	6	4,1
36–40	7	4,8	2	1,4	5	3,4	6	4,1	2	1,4	22	15,1
41–45	9	6,2	12	8,2	2	1,4	3	2,1	2	1,4	28	19,3
46–50	11	7,5	15	10,3	1	0,7	–	–	1	0,7	28	19,2
51–55	15	10,3	9	6,2	4	2,7	–	–	–	–	28	19,2
56–60	13	8,9	5	3,4	1	0,7	–	–	2	1,4	21	14,4
61–65	7	4,8	2	1,4	1	0,7	–	–	–	–	10	6,9
66–68	–	–	1	0,7	–	–	–	–	1	0,7	2	1,4
insgesamt	64		46		15		13		8		146	100,3*)
Durchschnittsalter		50,6		49,2		45,2		37,5		49,3		48,4

Jüngste Abgeordnete: Liane Offermanns 28. 7. 1964
Ältester Abgeordneter: Hans Albrecht 27. 9. 1923

*) Es wurde ohne Rücksicht auf die Endsumme auf- oder abgerundet.

WAHLERGEBNIS

Wahltag	5. April 1992	20. März 1988
Wahlberechtigte	7 154 575	6 872 330
abgegebene Stimmen	5 014 446	4 933 846
gültig	4 949 199	4 878 062
ungültig	65 247	55 784
Wahlbeteiligung	70,1 %	71,8 %

Stimmenanteil	1992	1988	1992	1988
Partei	absolut	absolut	in Prozent	in Prozent
CDU	1 960 016	2 392 626	39,6	49,0
SPD	1 454 477	1 562 678	29,4	32,0
REP	539 014	46 904	10,9	1,0
GRÜNE	467 781	383 099	9,5	7,9
FDP/DVP	291 199	285 932	5,9	5,9
ÖDP	93 604	69 823	1,9	1,4
NPD	44 416	101 889	0,9	2,1
GRAUE	28 719	–	0,6	–
PBC	27 272	–	0,6	–
Dt. Liga	23 255	–	0,5	–
Einzelbew.	15 653	–	0,3	–
Sonstige	3 793	23 705	0,0	0,5

Sitzverteilung	1992	1988
Abgeordnete (insgesamt)	146	125
CDU	64	66
SPD	46	42
REP	15	–
GRÜNE	13	10
FDP/DVP	8	7

Erster Zusammentritt des neugewählten Parlaments: 1. Juni 1992
Legislaturperiode vom 1. Juni 1992 bis 31. Mai 1996

Wahlkreis	Partei	Stimm-anteil in %	Man-dat*)	Name der gewählten Abgeordneten
Wahlkreis 1	CDU	31,9	D	Dr. Claudia Hübner
Stuttgart I	SPD	30,5	Z	Rolf Gaßmann
	REP	9,1		
	GRÜNE	16,3	Z	Birgitt Bender
	FDP/DVP	8,5		
Wahlkreis 2	CDU	33,7	D	Gerhard Mayer-Vorfelder
Stuttgart II	SPD	29,5	Z	Helga Solinger
	REP	9,7		
	GRÜNE	13,3	Z	Fritz Kuhn
	FDP/DVP	9,9	Z	Ekkehard Kiesswetter
Wahlkreis 3	CDU	32,4	D	Dr. Marianne Schultz-Hector
Stuttgart III	SPD	32,1	Z	Ulrich Maurer
	REP	15,2	Z	Horst Trageiser
	GRÜNE	9,6		
	FDP/DVP	6,7		
Wahlkreis 4	SPD	32,5	D	Helga Ulmer
Stuttgart IV	CDU	31,4		
	REP	13,6		
	GRÜNE	11,4		
	FDP/DVP	7,1		
Wahlkreis 5	CDU	37,6	D	Dr. Eugen Klunzinger
Böblingen	SPD	27,9	Z	Hans-Dieter Köder
	REP	11,9		
	GRÜNE	11,6	Z	Reinhard Hackl
	FDP/DVP	7,0		
Wahlkreis 6	CDU	40,2	D	Wolfgang Rückert
Leonberg	SPD	26,1	Z	Birgit Kipfer
	REP	11,7	Z	Dr. Richard Eckert
	GRÜNE	12,0	Z	Johannes Buchter
	FDP/DVP	6,2		
Wahlkreis 7	CDU	36,4	D	Christa Vossschulte
Esslingen	SPD	31,6	Z	Wolfgang Drexler
	REP	13,0		
	GRÜNE	10,2		
	FDP/DVP	7,1		
Wahlkreis 8	CDU	38,2	D	Dr. Fritz Hopmeier
Kirchheim	SPD	28,4	Z	Carla Bregenzer
	REP	15,7	Z	Ulrich Deuschle
	GRÜNE	9,4		
	FDP/DVP	6,2		

*) D = Direktmandat, Z = Zweitmandat

Wahlkreis	Partei	Stimm-anteil in %	Man-dat *)	Name der gewählten Abgeordneten
Wahlkreis 9 Nürtingen	CDU	32,4	D	Jörg Döpper
	SPD	23,9	Z	Werner Weinmann
	REP	10,0		
	GRÜNE	9,5		
	FDP/DVP	5,6		
Wahlkreis 10 Göppingen	CDU	35,2	D	Dieter Remppel
	SPD	32,4	Z	Frieder Birzele
	REP	14,4	Z	Max Reimann
	GRÜNE	7,4		
	FDP/DVP	7,2		
Wahlkreis 11 Geislingen	CDU	39,3	D	Hermann Seimetz
	SPD	28,9		
	REP	13,4		
	GRÜNE	8,3		
	FDP/DVP	6,7		
Wahlkreis 12 Ludwigsburg	CDU	35,6	D	Dr. Karl Lang
	SPD	29,4	Z	Claus Schmiedel
	REP	12,6	Z	Wolfram Krisch
	GRÜNE	11,7	Z	Jürgen Walter
	FDP/DVP	6,6		
Wahlkreis 13 Vaihingen	CDU	38,5	D	Günther Oettinger
	SPD	28,5		
	REP	11,0		
	GRÜNE	11,6		
	FDP/DVP	7,3		
Wahlkreis 14 Bietigheim-Bissingen	CDU	36,9	D	Manfred List
	SPD	28,1	Z	Claus Weyrosta
	REP	12,9	Z	Dr. Rolf Schlierer
	GRÜNE	12,2	Z	Michael Jacobi
	FDP/DVP	5,8		
Wahlkreis 15 Waiblingen	CDU	35,0	D	Rolf Kurz
	SPD	29,2	Z	Rainer Brechtken
	REP	13,5		
	GRÜNE	9,6		
	FDP/DVP	8,3	Z	Friedrich-Wilhelm Kiel
Wahlkreis 16 Schorndorf	CDU	37,3	D	Hans Heinz
	SPD	25,7		
	REP	15,7	Z	Rudolf Bühler
	GRÜNE	8,8		
	FDP/DVP	7,9		

*) D = Direktmandat, Z = Zweitmandat

Wahlkreis	Partei	Stimm-anteil in %	Mandat*)	Name der gewählten Abgeordneten
Wahlkreis 17 Backnang	CDU	36,2	D	Rosely Schweizer
	SPD	27,9		
	REP	15,6		
	GRÜNE	9,4		
	FDP/DVP	6,8		
Wahlkreis 18 Heilbronn	SPD	38,5	D	Dr. Dieter Spöri
	CDU	34,2		
	REP	14,2		
	GRÜNE	6,0		
	FDP/DVP	4,2		
Wahlkreis 19 Eppingen	CDU	33,9	D	Gerd Zimmermann
	SPD	31,7	Z	Wolfgang Bebber
	REP	14,8	Z	Michael Herbricht
	GRÜNE	7,3		
	FDP/DVP	7,8	Z	Richard Drautz
Wahlkreis 20 Neckarsulm	CDU	37,8	D	Hermann Mühlbeyer
	SPD	32,7	Z	Alfred Schöffler
	REP	13,7		
	GRÜNE	7,8		
	FDP/DVP	4,6		
Wahlkreis 21 Hohenlohe	CDU	38,5	D	Karl Östreicher
	SPD	26,2		
	REP	13,3		
	GRÜNE	9,5		
	FDP/DVP	7,1		
Wahlkreis 22 Schwäbisch Hall	CDU	33,0	D	Ernst Keitel
	SPD	32,4	Z	Dr. Walter Müller
	REP	9,9		
	GRÜNE	8,2		
	FDP/DVP	12,1	Z	Dr. Walter Döring
Wahlkreis 23 Main-Tauber	CDU	48,1	D	Dr. Wolfgang Reinhart
	SPD	24,0		
	REP	11,1		
	GRÜNE	6,6		
	FDP/DVP	5,2		
Wahlkreis 24 Heidenheim	CDU	37,4	D	Werner Baumhauer
	SPD	31,5	Z	Peter Hund
	REP	14,8		
	GRÜNE	8,3		
	FDP/DVP	3,6		

---

*) D = Direktmandat, Z = Zweitmandat

Wahlkreis	Partei	Stimm-anteil in %	Man-dat*)	Name der gewählten Abgeordneten
Wahlkreis 25 Schwäbisch Gmünd	CDU SPD REP GRÜNE FDP/DVP	42,9 26,9 11,3 9,5 5,0	D	Dr. Helmut Ohnewald
Wahlkreis 26 Aalen	CDU SPD REP GRÜNE FDP/DVP	43,4 30,9 8,5 7,7 4,4	D Z	Gustav Wabro Dr. Alfred Geisel
Wahlkreis 27 Karsruhe I	CDU SPD REP GRÜNE FDP/DVP	36,1 32,2 9,9 12,1 6,2	D Z Z	Barbara Schäfer-Wiegand Dieter Stoltz Gerhard Stolz
Wahlkreis 28 Karlsruhe II	CDU SPD REP GRÜNE FDP/DVP	36,5 34,2 10,4 9,6 5,8	D Z	Wolfram Meyer Brigitte Wimmer
Wahlkreis 29 Bruchsal	CDU SPD REP GRÜNE FDP/DVP	42,9 29,7 13,0 6,7 3,4	D Z Z	Heribert Rech Walter Heiler Heinz Troll
Wahlkreis 30 Bretten	CDU SPD REP GRÜNE FDP/DVP	38,4 30,3 13,2 8,0 5,3	D Z	Franz Wieser Peter Wintruff
Wahlkreis 31 Ettlingen	CDU SPD REP GRÜNE FDP/DVP	43,7 27,9 10,4 9,0 5,2	D	Dr. Erwin Vetter
Wahlkreis 32 Rastatt	CDU SPD REP GRÜNE FDP/DVP	45,7 29,7 11,7 6,0 3,7	D Z	Dr. Thomas Schäuble Heinz Goll

---

*) D = Direktmandat, Z = Zweitmandat

Wahlkreis	Partei	Stimm-anteil in %	Man-dat *)	Name der gewählten Abgeordneten
Wahlkreis 33 Baden-Baden	CDU	48,2	D	Ursula Lazarus
	SPD	25,7		
	REP	8,7		
	GRÜNE	8,2		
	FDP/DVP	6,5		
Wahlkreis 34 Heidelberg	SPD	35,2	D	Brigitte Unger-Soyka
	CDU	35,0		
	REP	6,3		
	GRÜNE	15,6	Z	Reinhard Bütikofer
	FDP/DVP	5,8		
Wahlkreis 35 Mannheim I	SPD	42,9	D	Max Nagel
	CDU	28,9		
	REP	12,4		
	GRÜNE	8,6		
	FDP/DVP	3,0		
Wahlkreis 36 Mannheim II	CDU	36,6	D	Gerhard Bloemecke
	SPD	34,7	Z	Rolf Seltenreich
	REP	9,8		
	GRÜNE	11,3		
	FDP/DVP	5,0		
Wahlkreis 37 Wiesloch	CDU	41,2	D	Michael Sieber
	SPD	31,2		
	REP	9,6		
	GRÜNE	8,5		
	FDP/DVP	5,6		
Wahlkreis 38 Neckar-Oden-wald	CDU	46,3	D	Peter Hauk
	SPD	30,7	Z	Gerd Teßmer
	REP	9,9		
	GRÜNE	5,8		
	FDP/DVP	3,5		
Wahlkreis 39 Weinheim	CDU	37,6	D	Hans Lorenz
	SPD	32,8	Z	Wolfgang Daffinger
	REP	8,1		
	GRÜNE	11,0		
	FDP/DVP	6,7	Z	Dr. Bernhard Scharf
Wahlkreis 40 Schwetzingen	CDU	37,4	D	Gerhard Stratthaus
	SPD	35,6	Z	Karl-Peter Wettstein
	REP	11,7		
	GRÜNE	7,6		
	FDP/DVP	4,5		

*) D = Direktmandat, Z = Zweitmandat

Wahlkreis	Partei	Stimmanteil in %	Mandat *)	Name der gewählten Abgeordneten
Wahlkreis 41 Sinsheim	CDU	39,6	D	Dr. h. c. Gerhard Weiser
	SPD	33,2	Z	Helmut Göschel
	REP	9,7		
	GRÜNE	8,7		
	FDP/DVP	5,3		
Wahlkreis 42 Pforzheim	CDU	36,4	D	Hugo Leicht
	SPD	28,0		
	REP	18,5	Z	Willi Auer
	GRÜNE	7,8		
	FDP/DVP	5,4		
Wahlkreis 43 Calw	CDU	40,9	D	Arnold Tölg
	SPD	24,4		
	REP	14,6	Z	Lothar König
	GRÜNE	8,0		
	FDP/DVP	6,0		
Wahlkreis 44 Enz	CDU	33,2	D	Winfried Scheuermann
	SPD	29,0	Z	Bernd Kielburger
	REP	17,0	Z	Klaus Rapp
	GRÜNE	10,2	Z	Rezzo Schlauch
	FDP/DVP	6,6	Z	Hans Albrecht
Wahlkreis 45 Freudenstadt	CDU	44,7	D	Norbert Schneider
	SPD	26,1		
	REP	10,2		
	GRÜNE	6,7		
	FDP/DVP	5,2		
Wahlkreis 46 Freiburg I	CDU	38,2	D	Ludger Reddemann
	SPD	27,0	Z	Gustav-Adolf Haas
	REP	5,2		
	GRÜNE	18,1	Z	Dr. Walter Witzel
	FDP/DVP	5,7		
Wahlkreis 47 Freiburg II	SPD	36,3	D	Günter Schrempp
	CDU	26,6		
	REP	8,7		
	GRÜNE	18,0	Z	Dr. Dieter Salomon
	FDP/DVP	4,5		
Wahlkreis 48 Breisgau	CDU	39,0	D	Gundolf Fleischer
	SPD	30,3	Z	Ulrich Brinkmann
	REP	8,2		
	GRÜNE	10,5		
	FDP/DVP	6,4		

*) D = Direktmandat, Z = Zweitmandat

Wahlkreis	Partei	Stimmanteil in %	Mandat*)	Name der gewählten Abgeordneten
Wahlkreis 49 Emmendingen	CDU	38,5	D	Alfred Haas
	SPD	34,3	Z	Marianne Wonnay
	REP	7,5		
	GRÜNE	11,1		
	FDP/DVP	5,5		
Wahlkreis 50 Lahr	CDU	43,8	D	Helmut Rau
	SPD	33,2	Z	Dr. Walter Caroli
	REP	6,8		
	GRÜNE	7,4		
	FDP/DVP	5,5		
Wahlkreis 51 Offenburg	CDU	45,3	D	Robert Ruder
	SPD	30,4		
	REP	8,3		
	GRÜNE	8,4		
	FDP/DVP	4,3		
Wahlkreis 52 Kehl	CDU	43,7	D	Willi Stächele
	SPD	32,9		
	REP	7,1		
	GRÜNE	8,6		
	FDP/DVP	4,0		
Wahlkreis 53 Rottweil	CDU	46,4	D	Josef Rebhan
	SPD	23,7		
	REP	9,1	Z	Liane Offermanns
	GRÜNE	6,1		
	FDP/DVP	6,6		
Wahlkreis 54 Villingen-Schwenningen	CDU	48,3	D	Erwin Teufel
	SPD	26,5	Z	Julius Redling
	REP	5,8		
	GRÜNE	7,1		
	FDP/DVP	5,4		
Wahlkreis 55 Tuttlingen-Donaueschingen	CDU	46,8	D	Roland Ströbele
	SPD	24,0		
	REP	6,2		
	GRÜNE	6,4		
	FDP/DVP	7,6	Z	Ernst Pfister
Wahlkreis 56 Konstanz	CDU	39,0	D	Klaus von Trotha
	SPD	29,2		
	REP	5,1		
	GRÜNE	14,9		
	FDP/DVP	7,1		

*) D = Direktmandat, Z = Zweitmandat

Wahlkreis	Partei	Stimm-anteil in %	Man-dat *)	Name der gewählten Abgeordneten
Wahlkreis 57 Singen	CDU	45,0	D	Dr. Robert Maus
	SPD	28,3		
	REP	7,7		
	GRÜNE	8,1		
	FDP/DVP	4,8		
Wahlkreis 58 Lörrach	SPD	37,9	D	Peter Reinelt
	CDU	37,1		
	REP	5,5		
	GRÜNE	8,8		
	FDP/DVP	5,0		
Wahlkreis 59 Waldshut	CDU	44,0	D	Peter Straub
	SPD	32,0	Z	Dr. Dieter Puchta
	REP	4,9		
	GRÜNE	7,8		
	FDP/DVP	5,2		
Wahlkreis 60 Reutlingen	CDU	37,4	D	Hermann Schaufler
	SPD	28,2	Z	Dr. Karl Weingärtner
	REP	13,0		
	GRÜNE	11,3	Z	Manfred Renz
	FDP/DVP	6,5		
Wahlkreis 61 Hechingen-Münsingen	CDU	43,9	D	Dr. Paul-Stefan Mauz
	SPD	25,5	Z	Walter Mogg
	REP	13,0	Z	Rolf Wilhelm
	GRÜNE	7,8		
	FDP/DVP	6,5		
Wahlkreis 62 Tübingen	CDU	33,4	D	Dr. Friedhelm Repnik
	SPD	30,5	Z	Gerhard Weimer
	REP	11,2	Z	Karl-August Schaal
	GRÜNE	14,2	Z	Monika Schnaitmann
	FDP/DVP	6,2	Z	Dietmar Schöning
Wahlkreis 63 Balingen	CDU	47,5	D	Heinrich Haasis
	SPD	27,9	Z	Horst Kiesecker
	REP	10,6		
	GRÜNE	5,7		
	FDP/DVP	3,8		
Wahlkreis 64 Ulm	CDU	38,0	D	Karl Göbel
	SPD	34,5	Z	Eberhard Lorenz
	REP	9,2		
	GRÜNE	8,6		
	FDP/DVP	5,8		

*) D = Direktmandat, Z = Zweitmandat

Wahlkreis	Partei	Stimm-anteil in %	Mandat*)	Name der gewählten Abgeordneten
Wahlkreis 65 Ehingen	CDU	46,7	D	Ventur Schöttle
	SPD	24,5		
	REP	10,7		
	GRÜNE	6,7		
	FDP/DVP	5,5		
Wahlkreis 66 Biberach	CDU	50,0	D	Gerd Scheffold
	SPD	21,1		
	REP	11,0		
	GRÜNE	6,7		
	FDP/DVP	3,9		
Wahlkreis 67 Bodensee	CDU	43,2	D	Ulrich Müller
	SPD	25,1	Z	Norbert Zeller
	REP	9,3		
	GRÜNE	9,6		
	FDP/DVP	6,7		
Wahlkreis 68 Wangen	CDU	50,8	D	Josef Dreier
	SPD	19,8		
	REP	11,1		
	GRÜNE	7,2		
	FDP/DVP	3,4		
Wahlkreis 69 Ravensburg	CDU	46,0	D	Rudolf Köberle
	SPD	21,4		
	REP	10,9		
	GRÜNE	8,1		
	FDP/DVP	4,8		
Wahlkreis 70 Sigmaringen	CDU	52,9	D	Dietmar Schlee
	SPD	19,9		
	REP	9,7		
	GRÜNE	7,7		
	FDP/DVP	4,2		

*) D = Direktmandat, Z = Zweitmandat

Die Zusammensetzung des Landesparlaments in den bisherigen 11 Wahlperioden

Verfassunggebende Versammlung und	1. Landtag Wahl vom 9.3.1952	2. Landtag Wahl vom 4.3.1956	3. Landtag Wahl vom 15.5.1960*)	4. Landtag Wahl vom 26.4.1964
CDU	50	56	52	59
SPD	38	36	44	47
FDP/DVP	23	21	18	14
GRÜNE	–	–	–	–
NPD	–	–	–	–
GB/BHE (GDP)	6	7	7	–
KPD	4	–	–	–
Abgeordnete insgesamt	121	120	121	120

	5. Landtag Wahl vom 28.4.1968	6. Landtag Wahl vom 23.4.1972	7. Landtag Wahl vom 4.4.1976	8. Landtag Wahl vom 16.3.1980
CDU	60	65	71	68
SPD	37	45	41	40
FDP/DVP	18	10	9	10
GRÜNE	–	–	–	6
NDP	12	–	–	–
GB/BHE (GDP)	–	–	–	–
KPD	–	–	–	–
Abgeordnete insgesamt	127	120	121	124

	9. Landtag Wahl vom 25.3.1984	10. Landtag Wahl vom 20.3.1988	11. Landtag Wahl vom 5.4.1992
CDU	68	66	64
SPD	41	42	46
FDP/DVP	8	7	8
GRÜNE	9	10	13
REP	–	–	15
DKP	–	–	–
NDP	–	–	–
Abgeordnete insgesamt	126	125	146

*) Nachwahl vom 12.3.1961 in den Wahlkreisen Waiblingen I und II (infolge Wahleinspruchs).

VERFASSUNG DES LANDES BADEN-WÜRTTEMBERG

vom 11. November 1953 (GBl. S. 173),
zuletzt geändert durch Gesetz vom 12. Februar 1991
(GBl. S. 81)

– Auszug –

Zweiter Hauptteil: Vom Staat und seinen Ordnungen

...

II. Der Landtag

Artikel 27

(1) Der Landtag ist die gewählte Vertretung des Volkes.

(2) Der Landtag übt die gesetzgebende Gewalt aus und überwacht die Ausübung der vollziehenden Gewalt nach Maßgabe dieser Verfassung.

(3) Die Abgeordneten sind Vertreter des ganzes Volkes. Sie sind nicht an Aufträge und Weisungen gebunden und nur ihrem Gewissen unterworfen.

Artikel 28

(1) Die Abgeordneten werden nach einem Verfahren gewählt, das die Persönlichkeitswahl mit den Grundsätzen der Verhältniswahl verbindet.

(2) Wählbar ist jeder Wahlberechtigte. Die Wählbarkeit kann von einer bestimmten Dauer der Staatsangehörigkeit und des Aufenthalts im Lande abhängig gemacht werden.

(3) Das Nähere bestimmt ein Gesetz. Es kann die Zuteilung von Sitzen davon abhängig machen, daß ein Mindestanteil der im Lande abgegebenen gültigen Stimmen erreicht wird. Der geforderte Anteil darf fünf vom Hundert nicht überschreiten.

Artikel 29

(1) Wer sich um einen Sitz im Landtag bewirbt, hat Anspruch auf den zur Vorbereitung seiner Wahl erforderlichen Urlaub.

(2) Niemand darf gehindert werden, das Amt eines Abgeordneten zu übernehmen und auszuüben. Eine Kündigung oder Entlassung aus einem Dienst- oder Arbeitsverhältnis aus diesem Grunde ist unzulässig.

Artikel 30

(1) Die Wahlperiode des Landtags dauert vier Jahre. Sie beginnt mit dem Ablauf der Wahlperiode des alten Landtags, nach einer Auflösung des Landtags mit dem Tage der Neuwahl.

(2) Die Neuwahl muß vor Ablauf der Wahlperiode, im Falle der Auflösung des Landtags binnen sechzig Tagen stattfinden.

(3) Der Landtag tritt spätestens am sechzehnten Tage nach Beginn der Wahlperiode zusammen. Die erste Sitzung wird vom Alterspräsidenten einberufen und geleitet.

(4) Der Landtag bestimmt den Schluß und den Wiederbeginn seiner Sitzungen. Der Präsident kann den Landtag früher einberufen. Er ist dazu verpflichtet, wenn ein Viertel der Mitglieder des Landtags oder die Regierung es verlangt.

Artikel 31

(1) Die Wahlprüfung ist Sache des Landtags. Er entscheidet auch, ob ein Abgeordneter seinen Sitz im Landtag verloren hat.

(2) Die Entscheidungen können beim Staatsgerichtshof angefochten werden.

(3) Das Nähere bestimmt ein Gesetz.

Artikel 32

(1) Der Landtag wählt seinen Präsidenten und dessen Stellvertreter, die zusammen mit weiteren Mitgliedern das Präsidium bilden, sowie die Schriftführer. Der Landtag gibt sich eine Geschäftsordnung, die nur mit einer Mehrheit von zwei Dritteln der anwesenden Abgeordneten geändert werden kann.

(2) Der Präsident übt das Hausrecht und die Polizeigewalt im Sitzungsgebäude aus. Ohne seine Zustimmung darf im Sitzungsgebäude keine Durchsuchung oder Beschlagnahme stattfinden.

(3) Der Präsident verwaltet die wirtschaftlichen Angelegenheiten des Landtags nach Maßgabe des Haushaltsgesetzes. Er vertritt das Land im Rahmen der Verwaltung des Landtags. Ihm steht die Einstellung und Entlassung der Angestellten und Arbeiter sowie im Einvernehmen mit dem Präsidium die Ernennung und Entlassung der Beamten des Landtags zu. Der Präsident ist oberste Dienstbehörde für die Beamten, Angestellten und Arbeiter des Landtags.

(4) Bis zum Zusammentritt eines neugewählten Landtags führt der bisherige Präsident die Geschäfte fort.

Artikel 33

(1) Der Landtag verhandelt öffentlich. Die Öffentlichkeit wird ausgeschlossen, wenn der Landtag es auf Antrag von zehn Abgeordneten oder eines Mitglieds der Regierung mit einer Mehrheit von zwei Dritteln der anwesenden Abgeordneten beschließt. Über den Antrag wird in nichtöffentlicher Sitzung entschieden.

(2) Der Landtag beschließt mit der Mehrheit der abgegebenen Stimmen, sofern die Verfassung nichts anderes bestimmt. Für die vom Landtag vorzunehmenden Wahlen kann die Geschäftsordnung Ausnahmen zulassen. Der Landtag gilt als beschlußfähig, solange nicht auf Antrag eines seiner Mitglieder vom Präsidenten festgestellt wird, daß weniger als die Hälfte der Abgeordneten anwesend sind.

(3) Für wahrheitsgetreue Berichte über die öffentlichen Sitzungen des Landtags und seiner Ausschüsse darf niemand zur Verantwortung gezogen werden.

Artikel 34

(1) Der Landtag und seine Ausschüsse können die Anwesenheit eines jeden Mitglieds der Regierung verlangen.

(2) Die Mitglieder der Regierung und ihre Beauftragten haben zu den Sitzungen des Landtags und seiner Ausschüsse Zutritt und müssen jederzeit gehört werden. Sie unterstehen der Ordnungsgewalt des Präsidenten und der Vorsitzenden der Ausschüsse. Der Zutritt der Mitglieder der Regierung und ihrer Beauftragten zu den Sitzungen der Untersuchungsausschüsse und ihr Rederecht in diesen Sitzungen wird durch Gesetz geregelt.

Artikel 35

(1) Der Landtag hat das Recht und auf Antrag von einem Viertel seiner Mitglieder die Pflicht, Untersuchungsausschüsse einzusetzen. Der Gegenstand der Untersuchung ist im Beschluß genau festzulegen.

(2) Die Ausschüsse erheben in öffentlicher Verhandlung die Beweise, welche sie oder die Antragsteller für erforderlich erachten. Beweise sind zu erheben, wenn sie von einem Viertel der Mitglieder des Ausschusses beantragt werden. Die Öffentlichkeit kann ausgeschlossen werden.

(3) Gerichte und Verwaltungsbehörden sind zur Rechts- und Amtshilfe verpflichtet.

(4) Das Nähere über die Einsetzung, die Befugnisse und das Verfahren der Untersuchungsausschüsse wird durch Gesetz geregelt. Das Briefgeheimnis sowie das Post- und Fernmeldegeheimnis bleiben unberührt.

(5) Die Gerichte sind frei in der Würdigung und Beurteilung des Sachverhalts, welcher der Untersuchung zugrunde liegt.

Artikel 35a

(1) Der Landtag bestellt einen Petitionsausschuß, dem die Behandlung der nach Artikel 2 Abs. 1 dieser Verfassung und Artikel 17 des Grundgesetzes an den Landtag gerichteten Bitten und Beschwerden obliegt. Nach Maßgabe der Geschäftsordnung des Landtags können Bitten und Beschwerden auch einem anderen Ausschuß überwiesen werden.

(3) Die Befugnisse des Petitionsausschusses zur Überprüfung von Bitten und Beschwerden werden durch Gesetz geregelt.

Artikel 36

(1) Der Landtag bestellt einen Ständigen Ausschuß, der die Rechte des Landtags gegenüber der Regierung vom Ablauf der Wahlperiode oder von der Auflösung des Landtags an bis zum Zusammentritt eines neugewählten Landtags wahrt. Der Ausschuß hat in dieser Zeit auch die Rechte eines Untersuchungsausschusses.

(2) Weitergehende Befugnisse, insbesondere das Recht der Gesetzgebung, der Wahl des Ministerpräsidenten sowie der Anklage von Abgeordneten und von Mitgliedern der Regierung stehen dem Ausschuß nicht zu.

Artikel 37

(1) Ein Abgeordneter darf zu keiner Zeit wegen seiner Abstimmung oder wegen einer Äußerung, die er im Landtag, in einem Ausschuß, in einer Fraktion oder sonst in Ausübung seines Mandats getan hat, gerichtlich oder dienstlich verfolgt oder anderweitig außerhalb des Landtags zur Verantwortung gezogen werden.

Artikel 38

(1) Ein Abgeordneter kann nur mit Einwilligung des Landtags wegen einer mit Strafe bedrohten Handlung oder aus sonstigen Gründen zur Untersuchung gezogen, festgenommen, festgehalten oder verhaftet werden, es sei denn, daß er bei Verübung einer strafbaren Handlung oder spätestens im Laufe des folgenden Tages festgenommen wird.

(2) Jedes Strafverfahren gegen einen Abgeordneten und jede Haft oder sonstige Beschränkung seiner persönlichen Freiheit ist auf Verlangen des Landtags für die Dauer der Wahlperiode aufzuheben.

Artikel 39

Die Abgeordneten können über Personen, die ihnen in ihrer Eigenschaft als Abgeordnete oder denen sie als Abgeordnete Tatsachen anvertraut haben, sowie über diese Tatsachen selbst das Zeugnis verweigern. Personen, deren Mitarbeit ein Abgeordneter in Ausübung seines Mandats in Anspruch nimmt, können das Zeugnis über die Wahrnehmungen verweigern, die sie anläßlich dieser Mitarbeit gemacht haben. Soweit Abgeordnete und ihre Mitarbeiter dieses Recht haben, ist die Beschlagnahme von Schriftstücken unzulässig.

Artikel 40

Die Abgeordneten haben Anspruch auf eine angemessene Entschädigung, die ihre Unabhängigkeit sichert. Sie haben innerhalb des Landes das Recht der freien Benutzung aller staatlichen Verkehrsmittel. Näheres bestimmt ein Gesetz.

Artikel 41

(1) Wer zum Abgeordneten gewählt ist, erwirbt die rechtliche Stellung eines Abgeordneten mit der Annahme der Wahl. Der Gewählte kann die Wahl ablehnen.

(2) Ein Abgeordneter kann jederzeit auf sein Mandat verzichten. Der Verzicht ist von ihm selbst dem Präsidenten des Landtags schriftlich zu erklären. Die Erklärung ist unwiderruflich.

(3) Verliert ein Abgeordneter die Wählbarkeit, so erlischt sein Mandat.

Artikel 42

(1) Erhebt sich der dringende Verdacht, daß ein Abgeordneter seine Stellung als solcher in gewinnsüchtiger Absicht mißbraucht habe, so kann der Landtag beim Staatsgerichtshof ein Verfahren mit dem Ziel beantragen, ihm sein Mandat abzuerkennen.

(2) Der Antrag auf Erhebung der Anklage muß von mindestens einem Drittel der Mitglieder des Landtags gestellt werden. Der Beschluß auf Erhebung der Anklage erfordert bei Anwesenheit von mindestens zwei Dritteln der Mitglieder des Landtags eine Zweidrittelmehrheit, die jedoch mehr als die Hälfte der Mitglieder des Landtags betragen muß.

Artikel 43

(1) Der Landtag ist vor Ablauf der Wahlperiode durch die Regierung aufzulösen, wenn es von einem Sechstel der Wahlberechtigten verlangt wird und bei einer binnen sechs Wochen vorzunehmenden Volksabstimmung die Mehrheit der Stimmberechtigten diesem Verlangen beitritt.

(2) Die Neuwahl findet binnen sechzig Tagen nach der Volksabstimmung statt.

Artikel 44

Die Vorschriften der Artikel 29 Abs. 2, 37, 38, 39 und 40 gelten für die Mitglieder des Präsidiums und des Ständigen Ausschusses sowie deren erste Stellvertreter auch für die Zeit nach Ablauf der Wahlperiode oder nach Auflösung des Landtags bis zum Zusammentritt eines neugewählten Landtags.

III. Die Regierung

Artikel 45

(1) Die Regierung übt die vollziehende Gewalt aus.

(2) Die Regierung besteht aus dem Ministerpräsidenten und den Ministern. Als weitere Mitglieder der Regierung können Staatssekretäre und ehrenamtliche Staatsräte ernannt werden. Die Zahl der Staatssekretäre darf ein Drittel der Zahl der Minister nicht übersteigen. Staatssekretären und Staatsräten kann durch Beschluß des Landtags Stimmrecht verliehen werden.

(3) Die Regierung beschließt unbeschadet des Gesetzgebungsrechts des Landtags über die Geschäftsbereiche ihrer Mitglieder. Der Beschluß bedarf der Zustimmung des Landtags.

(4) Der Ministerpräsident kann einen Geschäftsbereich selbst übernehmen.

Artikel 46

(1) Der Ministerpräsident wird vom Landtag mit der Mehrheit seiner Mitglieder ohne Aussprache in geheimer Abstimmung gewählt. Wählbar ist, wer zum Abgeordneten gewählt werden kann und das 35. Lebensjahr vollendet hat.

(2) Der Ministerpräsident beruft und entläßt die Minister, Staatssekretäre und Staatsräte. Er bestellt seinen Stellvertreter.

(3) Die Regierung bedarf zur Amtsübernahme der Bestätigung durch den Landtag. Der Beschluß muß mit mehr als der Hälfte der abgegebenen Stimmen gefaßt werden.

(4) Die Berufung eines Mitglieds der Regierung durch den Ministerpräsidenten nach der Bestätigung bedarf der Zustimmung des Landtags.

Artikel 47

Wird die Regierung nicht innerhalb von drei Monaten nach dem Zusammentritt des neugewählten Landtags oder nach der sonstigen

Erledigung des Amtes des Ministerpräsidenten gebildet und bestätigt, so ist der Landtag aufgelöst.

Artikel 48

Die Mitglieder der Regierung leisten beim Amtsantritt den Amtseid vor dem Landtag. Er lautet:

„Ich schwöre, daß ich meine Kraft dem Wohle des Volkes widmen, seinen Nutzen mehren, Schaden von ihm wenden, Verfassung und Recht wahren und verteidigen, meine Pflichten gewissenhaft erfüllen und Gerechtigkeit gegen jedermann üben werde. So wahr mir Gott helfe."

Der Eid kann auch ohne religiöse Beteuerung geleistet werden.

Artikel 49

(1) Der Ministerpräsident bestimmt die Richtlinien der Politik und trägt dafür die Verantwortung. Er führt den Vorsitz in der Regierung und leitet ihre Geschäfte nach einer von der Regierung zu beschließenden Geschäftsordnung. Die Geschäftsordnung ist zu veröffentlichen. Innerhalb der Richtlinien der Politik leitet jeder Minister seinen Geschäftsbereich selbständig unter eigener Verantwortung.

(2) Die Regierung beschließt insbesondere über Gesetzesvorlagen, über die Stimmabgabe des Landes im Bundesrat, über Angelegenheiten, in denen ein Gesetz dies vorschreibt, über Meinungsverschiedenheiten, die den Geschäftskreis mehrerer Ministerien berühren, und über Fragen von grundsätzlicher oder weittragender Bedeutung.

(3) Die Regierung beschließt mit Mehrheit der anwesenden stimmberechtigten Mitglieder. Jedes Mitglied hat nur eine Stimme, auch wenn es mehrere Geschäftsbereiche leitet.

Artikel 50

Der Ministerpräsident vertritt das Land nach außen. Der Abschluß von Staatsverträgen bedarf der Zustimmung der Regierung und des Landtags.

Artikel 51

Der Ministerpräsident ernennt die Richter und Beamten des Landes. Dieses Recht kann durch Gesetz auf andere Behörden übertragen werden.

Artikel 52

(1) Der Ministerpräsident übt das Gnadenrecht aus. Er kann dieses Recht, soweit es sich nicht um schwere Fälle handelt, mit Zustimmung der Regierung auf andere Behörden übertragen.

(2) Ein allgemeiner Straferlaß und eine allgemeine Niederschlagung anhängiger Strafverfahren können nur durch Gesetz ausgesprochen werden.

Artikel 53

(1) Das Amtsverhältnis der Mitglieder der Regierung, insbesondere die Besoldung und Versorgung der Minister und Staatssekretäre, regelt ein Gesetz.

(2) Die hauptamtlichen Mitglieder der Regierung dürfen kein anderes besoldetes Amt, kein Gewerbe und keinen Beruf ausüben. Kein Mitglied der Regierung darf der Leitung oder dem Aufsichtsorgan eines auf wirtschaftliche Betätigung gerichteten Unternehmens angehören. Ausnahmen kann der Landtag zulassen.

Artikel 54

(1) Der Landtag kann dem Ministerpräsidenten das Vertrauen nur dadurch entziehen, daß er mit der Mehrheit seiner Mitglieder einen Nachfolger wählt und die von diesem gebildete Regierung gemäß Artikel 46 Abs. 3 bestätigt.

(2) Zwischen dem Antrag auf Abberufung und der Wahl müssen mindestens drei Tage liegen.

Artikel 55

(1) Die Regierung und jedes ihrer Mitglieder können jederzeit ihren Rücktritt erklären.

(2) Das Amt des Ministerpräsidenten und der übrigen Mitglieder der Regierung endet mit dem Zusammentritt eines neuen Landtags, das Amt eines Ministers, eines Staatssekretärs und eines Staatsrats auch mit jeder anderen Erledigung des Amtes des Ministerpräsidenten.

(3) Im Falle des Rücktritts oder einer sonstigen Beendigung des Amtes haben die Mitglieder der Regierung bis zur Amtsübernahme der Nachfolger ihr Amt weiterzuführen.

Artikel 56

Auf Beschluß von zwei Dritteln der Mitglieder des Landtags muß der Ministerpräsident ein Mitglied der Regierung entlassen.

Artikel 57

(1) Die Mitglieder der Regierung können wegen vorsätzlicher oder grobfahrlässiger Verletzung der Verfassung oder eines anderen Gesetzes auf Beschluß des Landtags vor dem Staatsgerichtshof angeklagt werden.

(2) Der Antrag auf Erhebung der Anklage muß von mindestens einem Drittel der Mitglieder des Landtags unterzeichnet werden. Der Beschluß erfordert bei Anwesenheit von mindestens zwei Dritteln der Mitglieder des Landtags eine Zweidrittelmehrheit, die jedoch mehr als die Hälfte der Mitglieder des Landtags betragen muß. Der Staatsgerichtshof kann einstweilen anordnen, daß das angeklagte Mitglied der Regierung sein Amt nicht ausüben darf. Die Anklage wird durch den vor oder nach ihrer Erhebung erfolgten Rücktritt des Mitglieds der Regierung oder durch dessen Abberufung oder Entlassung nicht berührt.

(3) Befindet der Staatsgerichtshof im Sinne der Anklage, so kann er dem Mitglied der Regierung sein Amt aberkennen; Versorgungsansprüche können ganz oder teilweise entzogen werden.

(4) Wird gegen ein Mitglied der Regierung in der Öffentlichkeit ein Vorwurf im Sinne des Abs. 1 erhoben, so kann es mit Zustimmung der Regierung die Entscheidung des Staatsgerichtshofs beantragen.

IV. Die Gesetzgebung

Artikel 58

Niemand darf zu einer Handlung, Unterlassung oder Duldung gezwungen werden, wenn nicht ein Gesetz oder eine auf Gesetz beruhende Bestimmung es verlangt oder zuläßt.

Artikel 59

(1) Gesetzesvorlagen werden von der Regierung, von Abgeordneten oder vom Volk durch Volksbegehren eingebracht.

(2) Dem Volksbegehren muß ein ausgearbeiteter und mit Gründen versehener Gesetzentwurf zugrunde liegen. Das Volksbegehren ist zustande gekommen, wenn es von mindestens einem Sechstel der Wahlberechtigten gestellt wird. Das Volksbegehren ist von der Regierung mit ihrer Stellungnahme unverzüglich dem Landtag zu unterbreiten.

(3) Die Gesetze werden vom Landtag oder durch Volksabstimmung beschlossen.

Artikel 60

(1) Eine durch Volksbegehren eingebrachte Gesetzesvorlage ist zur Volksabstimmung zu bringen, wenn der Landtag der Gesetzesvorlage nicht unverändert zustimmt. In diesem Fall kann der Landtag dem Volk einen eigenen Gesetzentwurf zur Entscheidung mitvorlegen.

(2) Die Regierung kann ein vom Landtag beschlossenes Gesetz vor seiner Verkündung zur Volksabstimmung bringen, wenn ein Drittel der Mitglieder des Landtags es beantragt. Die angeordnete Volksabstimmung unterbleibt, wenn der Landtag mit Zweidrittelmehrheit das Gesetz erneut beschließt.

(3) Wenn ein Drittel der Mitglieder des Landtags es beantragt, kann die Regierung eine von ihr eingebrachte, aber vom Landtag abgelehnte Gesetzesvorlage zur Volksabstimmung bringen.

(4) Der Antrag nach Absatz 2 und Absatz 3 ist innerhalb von zwei Wochen nach der Schlußabstimmung zu stellen. Die Regierung hat sich innerhalb von zehn Tagen nach Eingang des Antrags zu entscheiden, ob sie die Volksabstimmung anordnen will.

(5) Bei der Volksabstimmung entscheidet die Mehrheit der abgegebenen gültigen Stimmen. Das Gesetz ist beschlossen, wenn mindestens ein Drittel der Stimmberechtigten zustimmt.

(6) Über Abgabengesetze, Besoldungsgesetze und das Staatshaushaltsgesetz findet keine Volksabstimmung statt.

Artikel 61

(1) Die Ermächtigung zum Erlaß von Rechtsverordnungen kann nur durch Gesetz erteilt werden. Dabei müssen Inhalt, Zweck und Ausmaß der erteilten Ermächtigung bestimmt werden. Die Rechtsgrundlage ist in der Verordnung anzugeben.

(2) Die zur Ausführung der Gesetze erforderlichen Rechtsverordnungen und Verwaltungsvorschriften erläßt, soweit die Gesetze nichts anderes bestimmen, die Regierung.

Artikel 62

(1) Ist bei drohender Gefahr für den Bestand oder die freiheitliche demokratische Grundordnung des Landes oder für die lebensnotwendige Versorgung der Bevölkerung sowie bei einem Notstand infolge einer Naturkatastrophe oder eines besonders schweren Unglücksfalls der Landtag verhindert, sich alsbald zu versammeln, so nimmt ein Ausschuß des Landtags als Notparlament die Rechte des Landtags wahr. Die Verfassung darf durch ein von diesem Ausschuß beschlossenes Gesetz nicht geändert werden. Die Befugnis, dem Ministerpräsidenten das Vertrauen zu entziehen, steht dem Ausschuß nicht zu.

(2) Solange eine Gefahr für den Bestand oder die freiheitliche demokratische Grundordnung des Landes droht, finden durch das Volk vorzunehmende Wahlen und Abstimmungen nicht statt. Die Feststellung, daß Wahlen und Abstimmungen nicht stattfinden, trifft der Landtag mit einer Mehrheit von zwei Dritteln seiner Mitglieder. Ist der

Landtag verhindert, sich alsbald zu versammeln, so trifft der in Absatz 1 Satz 1 genannte Ausschuß die Feststellung mit einer Mehrheit von zwei Dritteln seiner Mitglieder. Die verschobenen Wahlen und Abstimmungen sind innerhalb von sechs Monaten, nachdem der Landtag festgestellt hat, daß die Gefahr beendet ist, durchzuführen. Die Amtsdauer der in Betracht kommenden Personen und Körperschaften verlängert sich bis zum Ablauf des Tages der Neuwahl.

(3) Die Feststellung, daß der Landtag verhindert ist, sich alsbald zu versammeln, trifft der Präsident des Landtags.

Artikel 63

(1) Die verfassungsmäßig zustandegekommenen Gesetze werden durch den Ministerpräsidenten ausgefertigt und binnen Monatsfrist im Gesetzblatt des Landes verkündet. Sie werden vom Ministerpräsidenten und mindestens der Hälfte der Minister unterzeichnet. Wenn der Landtag die Dringlichkeit beschließt, müssen sie sofort ausgefertigt und verkündet werden.

(2) Rechtsverordnungen werden von der Stelle, die sie erläßt, ausgefertigt und, soweit das Gesetz nichts anderes bestimmt, im Gesetzblatt verkündet.

(3) Gesetze nach Artikel 62 werden, falls eine rechtzeitige Verkündung im Gesetzblatt nicht möglich ist, auf andere Weise öffentlich bekanntgemacht. Die Verkündung im Gesetzblatt ist nachzuholen, sobald die Umstände es zulassen.

(4) Gesetze und Rechtsverordnungen sollen den Tag bestimmen, an dem sie in Kraft treten. Fehlt eine solche Bestimmung, so treten sie mit dem vierzehnten Tage nach Ablauf des Tages in Kraft, an dem das Gesetzblatt ausgegeben worden ist.

Artikel 64

(1) Die Verfassung kann durch Gesetz geändert werden. Ein Änderungsantrag darf den Grundsätzen des republikanischen, demokratischen und sozialen Rechtsstaats nicht widersprechen. Die Entscheidung, ob ein Änderungsantrag zulässig ist, trifft auf Antrag der Regierung oder eines Viertels der Mitglieder des Landtags der Staatsgerichtshof.

(2) Die Verfassung kann vom Landtag geändert werden, wenn bei Anwesenheit von mindestens zwei Dritteln seiner Mitglieder eine Zweidrittelmehrheit, die jedoch mehr als die Hälfte seiner Mitglieder betragen muß, es beschließt.

(3) Die Verfassung kann durch Volksabstimmung geändert werden, wenn mehr als die Hälfte der Mitglieder des Landtags dies beantragt

hat. Sie kann ferner durch eine Volksabstimmung nach Artikel 60 Abs. 1 geändert werden. Das verfassungsändernde Gesetz ist beschlossen, wenn die Mehrheit der Stimmberechtigten zustimmt.

(4) Ohne vorherige Änderung der Verfassung können Gesetze, welche Bestimmungen der Verfassung durchbrechen, nicht beschlossen werden.

GESCHÄFTSORDNUNG DES LANDTAGS VON BADEN-WÜRTTEMBERG

in der Fassung vom 1. Juni 1989 (GBl. S. 250),
geändert durch Beschluß vom 9. Dezember 1992 (GBl. 1993 S. 43)

I. Einberufung und Konstituierung

§ 1
Einberufung

Der neugewählte Landtag wird aufgrund des Artikels 30 Abs. 3 der Verfassung einberufen.

§ 2
Erste Sitzung

(1) Die vom Landeswahlleiter als gewählt festgestellten und durch eine Wahlurkunde ausgewiesenen Abgeordneten treten auf Einladung des Alterspräsidenten spätestens am 16. Tage nach Beginn der Wahlperiode zur ersten Sitzung zusammen.

(2) Das älteste Mitglied (Alterspräsident) wird von dem Präsidenten des vorhergegangenen Landtags festgestellt.

(3) Mit dem Beginn der Sitzung gilt die Amtszeit des Präsidenten des vorhergegangenen Landtags als beendet.

§ 3
Leitung der ersten Sitzung

(1) Die erste Sitzung wird von dem Alterspräsidenten eröffnet und geleitet. Er führt die Geschäfte bis zur Übernahme des Amts durch den neugewählten Präsidenten.

(2) Die Geschäfte werden, solange der Landtag nichts anderes beschließt, nach den Bestimmungen der Geschäftsordnung des vorangegangenen Landtags geführt.

(3) Der Alterspräsident beruft zwei Abgeordnete zu vorläufigen Schriftführern.

(4) Der Landtag ist beschlußfähig, wenn mehr als die Hälfte seiner Mitglieder anwesend ist. Die Beschlußfähigkeit wird durch Namensaufruf festgestellt.

§ 4
Wahl des Präsidiums und der Schriftführer

(1) Ist die Beschlußfähigkeit festgestellt, so wählt der Landtag aus seiner Mitte das Präsidium. Das Präsidium besteht aus 17 Abgeordneten,

die sich auf alle Fraktionen nach ihrem Zahlenverhältnis verteilen. Der Präsident und die stellvertretenden Präsidenten gehören dem Präsidium von Amts wegen an.

(2) Der Präsident wird in geheimer Wahl gewählt. Vorschläge für die Wahl werden aus der Mitte des Hauses gemacht; ihre Zahl ist nicht beschränkt.

(3) Der Alterspräsident beruft fünf Mitglieder, die von den Abgeordneten die Stimmzettel entgegennehmen und das Wahlergebnis feststellen.

(4) Als Präsident ist gewählt, wer mehr als die Hälfte der abgegebenen gültigen Stimmen erhalten hat. Nicht beschriebene Stimmzettel werden bei Feststellung der Beschlußfähigkeit, dagegen nicht bei Feststellung des Wahlergebnisses mitgezählt. Hat kein Vorschlagener mehr als die Hälfte der abgegebenen gültigen Stimmen erhalten, so kommen die beiden Abgeordneten mit den höchsten Stimmenzahlen in die engere Wahl. Ergibt sich bei dieser Wahl Stimmengleichheit, so entscheidet das Los, das der Alterspräsident zieht.

(5) Erklärt sich der Gewählte auf die Anfrage des Alterspräsidenten zur Annahme des Präsidentenamtes bereit, so geht die Führung der Geschäfte sofort auf ihn über, lehnt er ab, so wird die Wahl wiederholt.

(6) Die stellvertretenden Präsidenten werden in getrennten Wahlgängen nach demselben Verfahren wie der Präsident gewählt.

(7) Die weiteren Mitglieder des Präsidiums werden nach den Vorschlägen der Fraktionen gewählt. Der Landtag wählt ferner für die Mitglieder des Präsidiums nach den Vorschlägen der Fraktionen entsprechend deren Zahlenverhältnis eine gleiche Zahl von Stellvertretern.

(8) Der Landtag wählt nach den Vorschlägen der Fraktionen entsprechend deren Zahlenverhältnis 15 Schriftführer.

§ 5
Amtszeit des Präsidiums

Die Amtszeit des Präsidiums dauert bis zum Zusammentritt eines neu gewählten Landtags. Scheidet ein Mitglied vorzeitig aus, so wird nach den Bestimmungen des § 4 ein Nachfolger gewählt.

II. Mitgliedschaft

§ 6
Wahlprüfung

(1) Die Entscheidungen des Landtags in Wahlprüfungssachen ergehen auf Vorschlag eines Wahlprüfungsausschusses.

(2) Wird die Entscheidung des Landtags angefochten, so übergibt der Präsident die Akten dem Staatsgerichtshof.

§7
Ersetzung ausscheidender Mitglieder

(1) Stellt der Staatsgerichtshof fest, daß die Wahl eines Abgeordneten ungültig ist oder daß ein Abgeordneter seinen Sitz im Landtag verloren hat oder erlischt das Mandat eines Abgeordneten, so veranlaßt der Präsident die Feststellung der zur Nachfolge berufenen Person.

(2) Ein Verzicht auf die Mitgliedschaft kann nur von einem Abgeordneten selbst schriftlich gegenüber dem Präsidenten erklärt werden. Über den Eingang der Verzichterklärung hat der Präsident ein Protokoll aufzunehmen.

§8
Abgeordnetenausweis

Die Abgeordneten erhalten einen vom Präsidenten ausgestellten Ausweis, der für die Dauer der Mitgliedschaft gilt.

§8a
Offenlegung beruflicher Verhältnisse

Die als Anlage 1 beigefügten Regeln über die Offenlegung der beruflichen Verhältnisse der Abgeordneten sind Bestandteil dieser Geschäftsordnung.

III. Führung der Geschäfte

§9
Aufgaben des Präsidenten

(1) Der Präsident vertritt den Landtag und führt seine Geschäfte.

(2) Der Präsident beruft die Sitzungen des Landtags ein und leitet sie. Er wahrt die Würde und die Rechte des Landtags, fördert seine Arbeiten und hält die Ordnung aufrecht. In den Räumen des Landtags übt er das Hausrecht und die Polizeigewalt aus.

(3) Der Präsident hat in allen Ausschüssen beratende Stimme.

(4) Der Präsident ernennt die Beamten, Angestellten und Hilfskräfte des Landtags nach den Gesetzen und den allgemeinen Verwaltungsvorschriften. Die Landtagsverwaltung untersteht seiner Leitung. Von ihm oder seinem Beauftragten werden alle erforderlichen Verträge abgeschlossen. Im Rahmen des Haushaltsplans weist der Präsident die Einnahmen und Ausgaben an.

§ 10
Verkehr mit der Regierung

(1) Der dienstliche Verkehr des Landtags mit der Regierung, dem Rechnungshof und dem Landesbeauftragten für den Datenschutz obliegt dem Präsidenten.

(2) Das Ergebnis der Wahl des Präsidiums, Änderungen in der Zusammensetzung des Landtags, Beschlüsse zu Regierungsvorlagen und sonstige Beschlüsse, die eine Stellungnahme der Regierung erfordern, werden ihr vom Präsidenten mitgeteilt.

§ 11
Vertretung des Präsidenten

(1) Ist der Präsident verhindert, so vertritt ihn der stellvertretende Präsident. Sind mehrere Stellvertreter gewählt, so vertreten diese den Präsidenten in der Reihenfolge ihrer Wahl nach § 4 der Geschäftsordnung. Der Stellvertreter übernimmt die Aufgaben des Präsidenten in vollem Umfang.

(2) Bei vorübergehender Vertretung des Präsidenten während einer Sitzung beschränkt sich die Aufgabe des Stellvertreters auf die Leitung der Verhandlungen. Diese Aufgabe geht, falls der Präsident und seine Stellvertreter verhindert sind, auf den anwesenden ältesten Abgeordneten über.

§ 12
Schriftführer

(1) In den Sitzungen des Landtags bilden der amtierende Präsident und zwei Schriftführer den Sitzungsvorstand. Die Schriftführer unterstützen den Präsidenten bei der Leitung der Verhandlungen. Sie führen insbesondere die Rednerliste und nehmen den Namensaufruf vor.

(2) Sind die Schriftführer zu einer Sitzung nicht in ausreichender Zahl erschienen, so wird ihr Dienst, soweit erforderlich, von Abgeordneten versehen, die der Präsident zu Stellvertretern beruft.

§ 13
Aufgaben des Präsidiums

(1) Das Präsidium unterstützt den Präsidenten bei der Führung der parlamentarischen Geschäfte und bei der Verwaltung. Der Arbeitsplan des Landtags wird vom Präsidium festgestellt. In parlamentarischen Angelegenheiten entscheidet das Präsidium grundsätzlich in der Form der Verständigung.

(2) Das Präsidium stellt die Voranschläge für den Haushaltsplan des Landtags fest.

§ 14
Sitzungen des Präsidiums

(1) Der Präsident beruft die Sitzungen des Präsidiums ein. Er setzt die Tagesordnung fest und leitet die Verhandlungen.

(2) Das Präsidium muß einberufen werden, wenn mindestens drei seiner Mitglieder oder zwei Fraktionen es verlangen. Das Präsidium kann beraten, wenn die Hälfte seiner Mitglieder anwesend ist.

(3) Der Direktor beim Landtag nimmt an den Sitzungen des Präsidiums teil. Er fertigt eine Niederschrift, die der Präsident unterzeichnet.

§ 15
aufgehoben

§ 16
aufgehoben

IV. Fraktionen

§ 17
Bildung der Fraktionen

(1) Fraktionen sind Vereinigungen von mindestens sechs Abgeordneten, die der gleichen Partei angehören.

(2) Abgeordnete, die keiner Fraktion angehören, können sich einer Fraktion als ständige Gäste anschließen. Diese Gäste zählen bei der Feststellung der Zahl der Mitglieder einer Fraktion mit.

(3) Die Bezeichnung einer Fraktion, der Name ihres Vorsitzenden sowie die Namen ihrer Mitglieder und ständigen Gäste werden dem Präsidenten schriftlich mitgeteilt.

(4) Die Reihenfolge der Fraktionen richtet sich nach der Zahl ihrer Mitglieder und ständigen Gäste. Bei gleicher Stärke entscheidet über die Reihenfolge das Los, das der Präsident in einer Sitzung des Landtags zieht.

§ 17 a
Feststellung des Stärkeverhältnisses der Fraktionen

(1) Bei der Besetzung des Präsidiums, der Ausschüsse sowie bei der Wahl der Ausschußvorsitzenden und ihrer Stellvertreter ist für die Feststellung des Stärkeverhältnisses der Fraktionen das Höchstzahlverfahren nach d'Hondt zugrunde zu legen.

(2) Soweit nicht ausdrücklich etwas anderes bestimmt oder unter den Fraktionen vereinbart ist, werden bei der Besetzung sonstiger Gre-

mien des Landtags sowie außerparlamentarischer Gremien die Fraktionen nach ihrer Mitgliederzahl beteiligt. Dabei ist das Höchstzahlverfahren nach d'Hondt zugrunde zu legen. Das Ergebnis einer entsprechenden Wahl ist unter Beachtung dieses Verteilungsschlüssels festzustellen.

V. Ausschüsse

§ 18
Bestellung

(1) Zur Vorbereitung seiner Verhandlungen bestellt der Landtag Ausschüsse für die Dauer der Wahlperiode.

(2) Der Landtag bestellt den Ständigen Ausschuß nach Artikel 36 der Verfassung und den Ausschuß nach Artikel 62 der Verfassung.

(3) Für bestimmte Aufgaben können Sonderausschüsse bestellt werden.

(4) Die Ausschüsse können zur Vorbereitung ihrer Beschlüsse Unterausschüsse einsetzen.

§ 19
Zahl der Ausschußmitglieder

(1) Die Zahl der Mitglieder eines jeden Ausschusses wird vom Landtag festgelegt.

(2) Die Ausschußmitglieder und eine bis zu dreifache Zahl von Stellvertretern werden nach den Vorschlägen der Fraktionen gewählt. Der Landtag kann bei einzelnen Ausschüssen eine andere Zahl von Stellvertretern festlegen.

(3) Bei der Besetzung der Ausschüsse sowie bei der Wahl der Ausschußvorsitzenden und ihrer Stellvertreter werden die Fraktionen nach ihrer Mitgliederzahl beteiligt.

(4) Die Abgeordneten können an Sitzungen von Ausschüssen, denen sie nicht angehören, als Zuhörer teilnehmen. Dies gilt nicht für die nichtöffentlichen Sitzungen der Untersuchungsausschüsse und für Beratungen von Ausschüssen, die aus Gründen der Sicherheit des Staates vom Ausschuß für geheimhaltungsbedürftig erklärt werden.

(5) Die stellvertretenden Mitglieder von Untersuchungsausschüssen werden zu allen Sitzungen eingeladen. Sie können an allen Sitzungen als Zuhörer teilnehmen. Das Rederecht, das Stimmrecht sowie ein Fragerecht bei der Beweisaufnahme besitzt der Stellvertreter nur, wenn er ein abwesendes Mitglied vertritt.

§ 19a
Ständiger Ausschuß nach Artikel 36 der Verfassung

(1) Der Ständige Ausschuß nach Artikel 36 der Verfassung wird vom Vorsitzenden einberufen. Der Vorsitzende ist hierzu verpflichtet, wenn ein Viertel der Mitglieder des Ausschusses oder zwei Fraktionen oder die Regierung es verlangen.

(2) Die Beratungen des Ausschusses sind öffentlich. Die Öffentlichkeit wird ausgeschlossen, wenn der Ausschuß es auf Antrag eines Abgeordneten oder eines Mitglieds der Regierung mit einer Mehrheit von zwei Dritteln der anwesenden Abgeordneten beschließt. Über den Antrag wird in nichtöffentlicher Sitzung entschieden. Über geheimhaltungsbedürftige Beratungsgegenstände kann nur in nichtöffentlicher Sitzung beraten werden. Über den Ausschluß der Öffentlichkeit entscheidet der Ausschuß in diesem Falle mit einfacher Mehrheit.

(3) Im übrigen richtet sich das Verfahren des Ausschusses nach den für den Landtag geltenden Bestimmungen. Können bestimmte Rechte nach diesen Bestimmungen nur von einer Mehrzahl von Abgeordneten ausgeübt werden, so können sie im Ausschuß von zwei Abgeordneten ausgeübt werden; ist die Ausübung von Rechten einem bestimmten Anteil der Mitglieder des Landtags vorbehalten, so können diese Rechte von dem entsprechenden Anteil der Mitglieder des Ausschusses ausgeübt werden.

§ 19b
Ausschuß nach Artikel 62 der Verfassung (Notparlament)

(1) Der Ausschuß nach Artikel 62 der Verfassung besteht aus 17 Mitgliedern. Der Landtag wählt eine bis zu dreifache Zahl von Stellvertretern.

(2) Die Mitglieder des Ausschusses und die Stellvertreter haben sicherzustellen, daß sie im Falle eines Notstands jederzeit erreichbar sind.

(3) Der Vorsitzende teilt zu Beginn der Sitzung mit, ob die Feststellung nach Artikel 62 Abs. 3 der Verfassung getroffen ist.

(4) Die Beratungen des Ausschusses sind nichtöffentlich. § 19 Abs. 4 und § 29 finden bei nichtöffentlichen Sitzungen keine Anwendung. Der Ausschuß kann Personen, die ihm nicht angehören, die Teilnahme an nichtöffentlichen Sitzungen gestatten. Der Ausschuß verhandelt öffentlich, wenn dies mit einer Mehrheit von zwei Dritteln der anwesenden Abgeordneten beschlossen wird.

(5) § 19a Abs. 1 und 3 findet auf den Ausschuß nach Artikel 62 der Verfassung Anwendung. Gesetzentwürfe und alle sonstigen Vorlagen werden in einer Beratung erledigt. § 42 Abs. 2 ist nicht anzuwenden.

(6) Der Ausschuß läßt sich in der Regel einmal jährlich von der Regierung über ihre Planungen für den Notstandsfall unterrichten.

§ 20
Geschäftsordnung

Für die Ausschüsse gilt, soweit nichts anderes bestimmt ist, die Geschäftsordnung des Landtags sinngemäß.

§ 21
Konstituierung der Ausschüsse

(1) Das älteste Mitglied des Ausschusses beruft dessen erste Sitzung ohne Verzug ein, veranlaßt und leitet die Wahl des Vorsitzenden und führt die Geschäfte bis zur Übernahme durch den Vorsitzenden.

(2) Der Vorsitzende veranlaßt sofort die Wahl seines Stellvertreters. Der Vorsitzende und sein Stellvertreter sollen nicht der gleichen Fraktion angehören.

§ 22
Einberufung, Leitung und Bekanntgabe von Ausschußsitzungen

(1) Die Mitglieder werden zu den Ausschußsitzungen in der Regel schriftlich eingeladen. Sie sind einzuladen, wenn ein Viertel der Mitglieder des Ausschusses oder zwei Fraktionen dies verlangen und das Präsidium dies beschließt.

(2) Der Vorsitzende leitet die Ausschußsitzung. Ist außer dem Vorsitzenden auch dessen Stellvertreter verhindert, so leitet das anwesende älteste Ausschußmitglied die Verhandlungen.

(3) Ort, Zeit und Tagesordnung der Ausschußsitzungen werden dem Präsidenten, dem Ministerpräsidenten, den beteiligten Ministern, dem Präsidenten des Rechnungshofs und dem Landesbeauftragten für den Datenschutz schriftlich mitgeteilt.

§ 23
Feststellung der Anwesenheit

(1) Die an der Sitzung teilnehmenden Ausschußmitglieder zeichnen sich in die Anwesenheitsliste ein.

(2) Die Vertreter der Regierung melden sich beim Vorsitzenden unter Nennung des Namens ihrer Dienststelle und Beifügung ihrer Amtsbezeichnung an und zeichnen sich in eine besondere Anwesenheitsliste ein.

§ 24
Beschlußfassung

(1) Der Ausschuß ist beschlußfähig, wenn mehr als die Hälfte seiner Mitglieder anwesend ist.

(2) Bei der Abstimmung entscheidet die einfache Mehrheit. Bei Stimmengleichheit gilt der Antrag als abgelehnt.

§ 25
Niederschriften

(1) Über die Ausschußsitzungen – ausgenommen diejenigen des Petitionsausschusses – werden in der Regel von den Landtagsstenografen Niederschriften gefertigt. Sie werden vom Vorsitzenden unterzeichnet.

(2) Die Niederschrift muß mindestens enthalten: die Tagesordnung, die Namen der anwesenden Ausschußmitglieder, der Regierungsvertreter und der zugezogenen Sachverständigen, die gestellten Anträge, die gefaßten Beschlüsse und bei der Beratung von Gesetzentwürfen den wesentlichen Inhalt der gemachten Ausführungen.

(3) Bei der Beratung von Gesetzentwürfen sowie in Ausnahmefällen bei der Beratung von Gegenständen von besonderer Bedeutung und Tragweite kann der Ausschuß die Anfertigung eines Wortprotokolls beschließen.

(4) Der Präsident erläßt mit Zustimmung des Ständigen Ausschusses des Landtags Richtlinien über die Behandlung der Niederschriften.

§ 26
Grenzen der Tätigkeit

(1) Die Ausschüsse befassen sich nur mit Gegenständen, die ihnen durch gesetzliche Vorschrift, vom Landtag oder vom Präsidenten auf Grund der Geschäftsordnung oder eines Beschlusses des Landtags zur Behandlung überwiesen werden. Kann ein Auftrag von einem Ausschuß nicht erledigt werden, so gibt er ihn an den Landtag zurück.

(2) Die Ausschüsse sind zu baldiger Erledigung der ihnen überwiesenen Aufgaben verpflichtet. Auf Antrag einer Fraktion kann der Landtag einen Ausschuß verpflichten, über den Stand der Beratungen einen Zwischenbericht zu erstatten oder einem Ausschuß eine Frist für die Erledigung des Gegenstandes setzen. Die Beratung eines solchen Antrags oder des Zwischenberichts gilt nicht als Beratung im Sinne des § 42 Abs. 1.

(3) Als vorbereitende Beschlußorgane des Landtags haben die Ausschüsse im Rahmen der ihnen überwiesenen Geschäfte das Recht und die Pflicht, dem Landtag bestimmte Beschlüsse zu empfehlen. Der Landtag kann mit einer Mehrheit von zwei Dritteln der abgegebenen Stimmen einen Ausschuß zur abschließenden Erledigung eines bestimmten Gegenstandes ermächtigen, soweit nach der Verfassung nicht eine Entscheidung des Landtags erforderlich ist.

(4) Der zuständige Ausschuß kann ohne besonderen Auftrag Fragen der Geschäftsordnung behandeln und dem Landtag Vorschläge machen.

§ 26 a
Behandlung geheimzuhaltender Prüfungsbemerkungen

Der Präsident übergibt Bemerkungen nach § 97 Abs. 4 der Landeshaushaltsordnung dem Vorsitzenden des für die Rechnungsprüfung zuständigen Unterausschusses oder des im Haushaltsplan bestimmten Ausschusses. Grundlage für die Entlastung der Regierung sind insoweit die Erklärungen des Ausschusses und des Rechnungshofs.

§ 27
Berichterstatter

(1) Für jeden Beratungsgegenstand bestellt der Ausschuß einen oder mehrere Berichterstatter. Bei selbständigen Anträgen soll der Berichterstatter nicht derselben Fraktion wie der oder die Antragsteller angehören.

(2) Der Bericht an den Landtag ist schriftlich zu erstatten. Der Ausschuß kann mündliche Berichterstattung beschließen.

(3) Der Bericht soll in möglichst knapper Fassung den Verlauf der Beratung im Ausschuß sowie die Anträge und die Beschlüsse sachlich und übersichtlich wiedergeben. Haben sich bei Ausschußverhandlungen bedeutsame gegensätzliche Auffassungen ergeben, so kann der Ausschuß die Erstattung eines Minderheitsberichts beschließen.

(4) Namen von Ausschußmitgliedern werden bei der Berichterstattung nur genannt, wenn es sich um Antragsteller handelt.

§ 28
Geschäftliche Behandlung

(1) Die Anträge werden vom Berichterstatter und vom Vorsitzenden unterzeichnet.

(2) Anträge und schriftliche Berichte des Ausschusses werden dem Präsidenten zugeleitet.

§ 29
Teilnahme mit beratender Stimme

Vom Zeitpunkt der Beratung eines Antrags ist der Antragsteller, bei Anträgen mit mehreren Unterschriften der Erstunterzeichner, wenn er nicht Mitglied des Ausschusses ist, schriftlich zu benachrichtigen. Während der Behandlung seines Antrags hat er oder ein Abgeordneter, den er mit seiner Vertretung beauftragt, beratende Stimme.

§ 30
Zuziehung von Sachverständigen

(1) Der Ausschuß kann Sachverständige mit beratender Stimme zuziehen.

(2) Erwachsen aus der Zuziehung von Sachverständigen Kosten, die nicht nur Reisekosten innerhalb der Bundesrepublik umfassen, so ist vor ihrer Bestellung die Zustimmung des Präsidenten einzuholen. Bei Meinungsverschiedenheiten entscheidet das Präsidium.

§ 31
Teilnahme von Ministern

Der Ausschuß kann die Anwesenheit eines jeden Mitglieds der Regierung verlangen.

§ 31 a
Teilnahme von Mitgliedern des Rechnungshofs und des Landesbeauftragten für den Datenschutz

(1) Die Mitglieder des Rechnungshofs sowie der Landesbeauftragte für den Datenschutz haben im Rahmen ihrer gesetzlichen Aufgaben Zutritt zu den Sitzungen der Ausschüsse und können gehört werden.

(2) Die Ausschüsse können die Anwesenheit des Präsidenten des Rechnungshofs oder des zuständigen Mitglieds verlangen, wenn im Ausschuß Fragen behandelt werden, zu denen der Landtag nach § 88 Abs. 3 der Landeshaushaltsordnung eine gutachtliche Äußerung oder nach § 99 Satz 2 der Landeshaushaltsordnung einen Bericht verlangt hat. Entsprechend kann die Anwesenheit des Landesbeauftragten für den Datenschutz verlangt werden, wenn im Ausschuß der jährliche Tätigkeitsbericht oder Fragen behandelt werden, zu denen der Landtag nach § 16 Abs. 2 Satz 1 des Landesdatenschutzgesetzes ein Gutachten oder einen Bericht angefordert hat.

§ 32[1]
Nichtöffentlichkeit der Ausschußberatungen

(1) Die Beratungen der Ausschüsse sind in der Regel nichtöffentlich. Öffentlich ist zu tagen

1. bei der Besprechung Großer Anfragen gemäß § 63a;
2. bei der Behandlung von Fraktionsanträgen ohne vorherige Besprechung im Plenum nach § 54 Abs. 5, wenn das Präsidium dies beschließt;
3. wenn dies der Ausschuß mit Mehrheit beschließt.

(2) Die Ausschüsse können beschließen, öffentliche Anhörungen von Sachverständigen, Interessenvertretern und anderen Auskunftspersonen zur Information über einen Beratungsgegenstand durchzuführen. Mit einer Mehrheit von zwei Dritteln der anwesenden Abgeordneten kann bestimmt werden, daß die Anhörung nichtöffentlich stattfindet. Der Ausschuß kann in eine allgemeine Aussprache mit den Auskunftspersonen eintreten, soweit dies zur Klärung des Sachverhalts erforderlich ist.

---

1) § 32 Abs. 2 steht unter dem Vorbehalt der abschließenden Entscheidung des Landtags.

(3) Über die Ausschußverhandlungen sind Mitteilungen in der Presse zulässig. Namen der Redner dürfen hierbei nicht genannt werden.

(4) Die Ausschüsse können für einen Beratungsgegenstand oder für Teile desselben im Interesse des öffentlichen Wohls einen Geheimhaltungsgrad beschließen.

(5) Der Präsident wird ermächtigt, mit Zustimmung des Ständigen Ausschusses des Landtags die Vorschriften, die für den Schutz der Geheimhaltung erforderlich sind, zu erlassen.

VI. Untersuchungsausschüsse und Enquête-Kommissionen

§ 33
Einsetzungsantrag

Anträge auf Einsetzung eines Untersuchungsausschusses bedürfen der Unterzeichnung durch fünf Abgeordnete oder durch eine Fraktion. Ein Untersuchungsausschuß muß eingesetzt werden, wenn dies ein Viertel der Mitglieder des Landtags oder zwei Fraktionen beantragen.

§ 34
Einsetzung, Zusammensetzung und Verfahren der Enquête-Kommissionen

(1) Zur Vorbereitung von Entscheidungen über umfangreiche und bedeutsame Sachverhalte kann der Landtag eine Enquête-Kommission einrichten. Er ist dazu verpflichtet, wenn dies von einem Viertel der Mitglieder des Landtags oder von zwei Fraktionen beantragt wird. Der Einsetzungsbeschluß muß den Auftrag der Kommission genau bestimmen.

(2) Der Enquête-Kommission können auch sachverständige Personen angehören, die nicht Mitglieder des Landtags sind.

(3) Der Landtag legt die Stärke der Kommission und den Anteil der Personen fest, die nicht dem Landtag angehören; ihre Zahl darf nicht überwiegen. Die Abgeordneten und eine gleiche Zahl von Stellvertretern werden vom Landtag nach den Vorschlägen der Fraktionen gewählt, wobei die Fraktionen nach ihrem Stärkeverhältnis beteiligt werden. Die übrigen Mitglieder werden im Einvernehmen mit den Fraktionen vom Landtag gewählt; wird kein Einvernehmen erzielt, werden die Mitglieder von den Fraktionen im Verhältnis ihrer Stärke zur Wahl vorgeschlagen.

(4) Die Kommission wählt einen Vorsitzenden, der Abgeordneter sein muß. Im übrigen finden die Vorschriften über die Ausschüsse sinngemäß Anwendung.

(5) Die Enquête-Kommission erstattet dem Landtag einen abschließenden schriftlichen Bericht. Der Landtg kann jederzeit einen Zwischenbericht verlangen.

§ 35
gestrichen

VII. Landtag und Regierung

§ 36
Auskunft und Akteneinsicht

Der Präsident ersucht die Regierung um die Auskünfte und die Akten, die der Landtag oder ein Ausschuß zur Erledigung seiner Aufgaben für erforderlich hält.

§ 37
Unterrichtung über die Erledigung der Landtagsbeschlüsse

(1) Die Regierung berichtet dem Landtag innerhalb von sechs Monaten schriftlich über die Ausführung seiner Beschlüsse. Der Landtag kann eine andere Frist bestimmen.

(2) Binnen vier Wochen nach Verteilung der Mitteilung der Regierung an die Mitglieder des Landtags kann jeder Abgeordnete dem Präsidenten schriftlich zur Kenntnis bringen, daß bestimmte Beschlüsse des Landtags nicht als erledigt angesehen werden können oder, daß die Auskünfte der Regierung unvollständig sind. Solche Beanstandungen werden der Regierung übermittelt.

(3) Die Antworten der Regierung werden dem Landtag bekanntgegeben; sie werden auf die Tagesordnung gesetzt, wenn eine Fraktion oder zehn Abgeordnete binnen vier Wochen, nachdem die Antworten bekanntgegeben worden sind, es schriftlich verlangen.

(4) Berichte der Regierung nach § 114 Abs. 4 Satz 1 der Landeshaushaltsordnung werden vom Präsidenten dem zuständigen Ausschuß überwiesen. Der Ausschuß kann dem Landtag einen Antrag vorlegen, wenn er der Auffassung ist, daß Maßnahmen nicht zu dem beabsichtigten Erfolg geführt haben. Diese Befugnis steht dem Ausschuß auch dann zu, wenn die Regierung nicht zu dem vom Landtag bestimmten Termin berichtet hat.

§ 37 a
Erfolgskontrolle bei Landtagsbeschlüssen

(1) Jeder Bericht nach § 37 Abs. 1 wird mit dem zugrunde liegenden Landtagsbeschluß verteilt.

(2) Jede Fraktion kann verlangen, daß ein solcher Bericht durch den Präsidenten dem zuständigen Ausschuß überwiesen wird. Der Ausschuß kann dem Landtag erneut eine Beschlußempfehlung zu der Angelegenheit vorlegen, wenn er den früheren Landtagsbeschluß nicht für erledigt hält.

(3) In gleicher Weise kann die erneute Befassung des Ausschusses verlangt und vom Ausschuß eine neue Empfehlung dem Plenum vorgelegt werden, wenn die Regierung zu einem Landtagsbeschluß nicht fristgerecht berichtet hat.

§ 38
Herbeirufung von Ministern

(1) Der Landtag kann die Anwesenheit eines jeden Mitglieds der Regierung verlangen.

(2) Der Antrag, ein Mitglied der Regierung herbeizurufen, bedarf der Unterstützung durch fünf Mitglieder.

VIII. Unterrichtung der Abgeordneten

§ 39
Arbeitsunterlagen

(1) Erstmals eintretende Abgeordnete erhalten je eine Ausgabe des Grundgesetzes, der Landesverfassung, der Geschäftsordnung und der Bestimmungen über die Entschädigung der Mitglieder des Landtags.

(2) Alle Drucksachen des Landtags werden an die Abgeordneten verteilt.

§ 40
Akteneinsicht und Aktenbenützung

(1) Jeder Abgeordnete ist berechtigt, alle Akten einzusehen, die sich beim Landtag oder einem Ausschuß befinden. Die Arbeiten des Landtags, seiner Ausschüsse, der Ausschußvorsitzenden und der Berichterstatter dürfen durch die Akteneinsicht nicht behindert werden.

(2) Zur Benützung außerhalb des Landtagsgebäudes werden Akten nur an die Vorsitzenden und Berichterstatter der Ausschüsse abgegeben. In besonderen Fällen kann der Präsident Ausnahmen zulassen.

(3) Für geheimhaltungsbedürftige Akten gelten die in § 32 Abs. 5 genannten Bestimmungen.

(4) Dritten ist die Einsicht in Akten des Landtags nur mit Genehmigung des Präsidenten gestattet.

§ 41
Informationsdienst

Der Informationsdienst des Landtags (Parlamentsarchiv, Parlamentsdokumentation, Parlamentsbibliothek und Datenverarbeitung) steht jedem Abgeordneten zur Verfügung. Die vom Präsidenten für die Benützung erlassenen Bestimmungen sind einzuhalten.

IX. Vorlagen

§ 42
Beratungsverfahren

(1) Gesetzentwürfe zur Änderung der Landesverfassung und Haushaltsvorlagen werden in drei Beratungen erledigt; sonstige Gesetzentwürfe werden in zwei Beratungen erledigt, sofern nicht der Landtag in Erster Lesung beschließt, drei Beratungen durchzuführen. Alle anderen Vorlagen und Anträge sowie Staatsverträge, soweit sie nicht der Zustimmung in der Form des Gesetzes bedürfen, werden in der Regel in einer Beratung erledigt.

(2) Die Beratung beginnt, wenn der Landtag nichts anderes beschließt, frühestens am dritten Tag nach Verteilung der Drucksachen.

§ 43
Erste Beratung

(1) Bei der Ersten Beratung von Gesetzentwürfen, Haushaltsvorlagen und Staatsverträgen werden nur die Grundsätze der Vorlage besprochen.

(2) Änderungsanträge zu Gesetzentwürfen sind nicht vor Schluß der Ersten Beratung, zu Staatsverträgen überhaupt nicht zulässig.

(3) Am Schluß der Ersten Beratung beschließt der Landtag, ob die Angelegenheit einem Ausschuß überwiesen werden soll. In besonderen Fällen kann die Überweisung an mehrere Ausschüsse erfolgen, wobei ein Ausschuß als federführend zu bestimmen ist.

(4) In der Ersten Beratung findet keine andere Abstimmung statt.

§ 44
Verweisung an einen Ausschuß

(1) Regierungsvorlagen, die keiner Beschlußfassung bedürfen (Denkschriften, Nachweisungen u. ä.), kann der Präsident mit Zustimmung des Landtags an einen Ausschuß verweisen, ohne sie auf die Tagesordnung zu setzen. Gleiches gilt für Berichte und Gutachten des Rechnungshofs oder des Landesbeauftragten für den Datenschutz mit

der Maßgabe, daß sie an den zuständigen Ausschuß überwiesen werden; der zuständige Ausschuß kann mit Zustimmung des Präsidenten die Stellungnahme anderer Ausschüsse zu einzelnen Teilen eines Berichts oder Gutachtens einholen. Anträge von Abgeordneten (§ 54 Abs. 1) zu Angelegenheiten, die in einem Bericht oder Gutachten des Rechnungshofs oder des Landesbeauftragten für den Datenschutz behandelt werden, werden während der Beratungen der Vorlage unmittelbar an den damit befaßten Ausschuß überwiesen. § 29 findet entsprechend Anwendung.

(2) Anträge zu Haushaltsvorlagen von einzelnen Abgeordneten, die nicht dem Finanzausschuß angehören, werden unmittelbar an diesen Ausschuß überwiesen. § 29 findet entsprechend Anwendung.

(3) Ersuchen in Immunitätsangelegenheiten sind vom Präsidenten unmittelbar an den zuständigen Ausschuß zu überweisen.

§ 45
Zweite Beratung

(1) Die Zweite Beratung beginnt frühestens am zweiten Tag nach Schluß der Ersten Beratung oder, wenn eine Ausschußberatung stattgefunden hat, frühestens am zweiten Tag nach der Verteilung des Ausschußantrags.

(2) Es findet zuerst eine allgemeine Aussprache statt. Fand eine Ausschußberatung statt, so erhält vor der Einzelberatung auf dessen Verlangen zunächst der Berichterstatter das Wort; auf Verlangen ist ihm auch während der Beratung vor anderen Mitgliedern das Wort zu erteilen.

(3) Änderungsanträge, über die in den Ausschußberatungen entschieden worden ist, werden dem Ausschußbericht angeschlossen.

(4) Liegen Ausschußanträge vor, so bilden diese die Grundlage für die Zweite Beratung. Änderungsanträge können, solange die Beratung nicht geschlossen ist, von jedem Mitglied schriftlich gestellt werden. Sie werden, solange sie nicht vervielfältigt sind, vom Präsidenten verlesen.

(5) Die zweite Beratung wird über jede Einzelbestimmung und über die Abschnittsüberschriften der Reihenfolge nach eröffnet und geschlossen. Nach Schluß der Beratung wird abgestimmt. Die Reihenfolge kann vom Landtag geändert, mehrere Einzelbestimmungen können verbunden oder Teile von Einzelbestimmungen getrennt zur Beratung und Abstimmung gestellt werden.

(6) Bei Ablehnung aller Teile einer Vorlage in der Zweiten Beratung findet keine weitere Beratung oder Abstimmung statt.

§ 46
Zusammenstellung der Beschlüsse

(1) Bei der Zweiten Beratung beschlossene Änderungen läßt der Präsident zusammenstellen und vervielfältigen.

(2) Die Beschlüsse der Zweiten Beratung bilden die Grundlage für die Dritte Beratung.

§ 47
Dritte Beratung

(1) Die Dritte Beratung wird frühestens zwei Tage nach Verteilung der in der Zweiten Beratung gefaßten Beschlüsse oder, wenn die Vorlage aus der Zweiten Beratung unverändert hervorgegangen ist, frühestens am Tage nach der Zweiten Beratung vorgenommen. Sie beginnt mit einer Allgemeinen Aussprache über die Grundsätze der Vorlage.

(2) Änderungsanträge zur Dritten Beratung müssen von mindestens fünf Mitgliedern unterzeichnet, dem Präsidenten schriftlich eingereicht und vor der Abstimmung vervielfältigt und verteilt werden; Änderungsanträge zur Dritten Beratung des Haushaltsgesetzes oder eines Nachtragshaushaltsgesetzes müssen von einer Fraktion oder Gruppe unterzeichnet sein. Über Änderungsanträge wird bei den einzelnen Bestimmungen abgestimmt.

§ 47 a
Vereinfachtes Verfahren für Nachtragshaushaltsgesetze

(1) Der Präsident kann im Einvernehmen mit den Fraktionen den Entwurf eines Nachtragshaushaltsgesetzes unmittelbar an den Finanzausschuß überweisen. Dieser führt unverzüglich die Beratung der Vorlage durch.

(2) Liegt die Beschlußempfehlung des Ausschusses vor, so wird die Vorlage auf die Tagesordnung der nächsten Sitzung des Landtags genommen. Auf die weitere Behandlung der Vorlage finden die Vorschriften der §§ 45 bis 47, 48 bis 50 entsprechende Anwendung.

(3) Vor der Einwilligung in über- und außerplanmäßige Ausgaben und Verpflichtungsermächtigungen, die nicht durch das Staatshaushaltsgesetz vom Erfordernis einer parlamentarischen Nachtragsbewilligung ausgenommen sind, fragt der Finanzminister beim Präsidenten an, ob der Landtag rechtzeitig über eine Bewilligung in der Form eines Nachtragshaushalts entscheiden kann.

§ 48
Verweisung an einen Ausschuß

Eine Vorlage oder Teile einer solchen können bei der Dritten Beratung, auch soweit sie bereits erledigt sind, auf Antrag von mindestens zehn Mitgliedern durch Beschluß des Landtags an einen Ausschuß verwiesen oder zurückverwiesen werden, solange nicht über die letzte Einzelbestimmung abgestimmt ist.

§49
Schlußabstimmung

Am Schluß der letzten Beratung wird über die Vorlage im ganzen abgestimmt. Blieb die Vorlage unverändert, so kann die Schlußabstimmung sofort vorgenommen werden, wurden Änderungen beschlossen, so setzt der Präsident auf Antrag von fünf Mitgliedern die Schlußabstimmung bis zur Verteilung der gefaßten Beschlüsse aus.

§49a
Entschließungen zu Gesetzentwürfen

(1) Entschließungsanträge zu Gesetzentwürfen müssen von mindestens fünf Abgeordneten oder einer Fraktion unterzeichnet sein.

(2) Über Entschließungsanträge wird in der Regel nach der Schlußabstimmung abgestimmt. Über Entschließungen zu Teilen des Haushaltsplans wird in der Regel während der Zweiten Beratung abgestimmt.

§50
Änderung der Fristen

Die Frist zwischen der Ersten und der Zweiten Beratung kann bei Feststellung der Tagesordnung durch Beschluß des Landtags verkürzt werden. Gleiches gilt für die Frist zwischen Zweiter und Dritter Beratung eines Nachtragshaushaltsgesetzes. Andere Fristen können, wenn fünf Abgeordnete widersprechen, nicht verkürzt oder aufgehoben werden. Drei Beratungen können nur dann in einer Sitzung vorgenommen werden, wenn kein Abgeordneter widerspricht. Der Widerspruch gegen die Dritte Beratung kann noch bei ihrem Aufruf angebracht werden.

§50a
Anhörung zu Gesetzenwürfen

(1) Ist bei einem Gesetzentwurf der Regierung eine Anhörung nach der Verfassung oder aufgrund einer gesetzlichen Bestimmung geboten, so findet die Erste Beratung erst statt, wenn der Landtag über das Ergebnis der Anhörung unterrichtet worden ist.

(2) Ist bei einem Gesetzentwurf von Abgeordneten eine Anhörung nach der Verfassung oder aufgrund einer gesetzlichen Bestimmung geboten, so entscheidet der Präsident im Einvernehmen mit den Antragstellern, in welcher Form die Anhörung vorzunehmen ist, und unterrichtet den Landtag über das Anhörungsergebnis; in Ausnahmefällen kann der Präsident im Einvernehmen mit dem Präsidium die Entscheidung über die Durchführung der Anhörung zurückstellen. Die Ausschußberatung beginnt in der Regel erst, wenn das Ergebnis der Anhörung dem Landtag vorliegt.

(3) Ein Ausschuß kann zusätzlich zu einer Anhörung nach Absatz 1 oder Absatz 2 eine mündliche oder schriftliche Anhörung durchführen. Den Gemeinden, Gemeindeverbänden oder deren Zusammenschlüssen soll Gelegenheit zur mündlichen oder schriftlichen Stellungnahme gegenüber einem Ausschuß gegeben werden, soweit ihre Auffassung in einem Gesetzentwurf der Regierung in wesentlichen Teilen nicht berücksichtigt worden sind.

(4) Wird ein Gesetzentwurf, zu dem bereits eine Anhörung nach Absatz 1 oder Absatz 2 stattgefunden hat, im Laufe der Gesetzesberatungen wesentlich verändert, so ist eine erneute Anhörung vorzunehmen, sofern die vorgesehene Regelung nicht bereits Gegenstand einer früheren Anhörung war. Die Anhörung ist auf Ersuchen des Landtags oder eines Ausschusses von der Regierung oder von einem Ausschuß mündlich oder schriftlich durchzuführen.

(5) Führt ein Ausschuß eine mündliche Anhörung durch, so findet § 32 Abs. 2 Anwendung.

§ 50 b
Verfahren nach Artikel 82 Abs. 2 der Verfassung

Hat die Regierung gemäß Artikel 82 Abs. 2 Satz 1 der Verfassung die Aussetzung der Beschlußfassung verlangt, so kann die Beschlußfassung frühestens nach Verteilung der Stellungnahme der Regierung oder, falls diese nicht oder nicht fristgerecht eingeht, sechs Wochen nach Zugang des Aussetzungsverlangens beim Präsidenten erfolgen; im erstgenannten Falle gilt § 42 Abs. 2 entsprechend.

§ 50 c
Gesetzgebungsverfahren des Landtags im Notstand

Bezeichnet die Regierung einen Gesetzentwurf wegen eines Notstands im Sinne des Artikels 62 Abs. 1 Satz 1 der Verfassung als dringlich, so beruft der Präsident den Landtag unverzüglich ein. Der dringliche Gesetzentwurf wird in einer Beratung erledigt. Die Beratung kann zum Zweck der Beratung in einem Ausschuß unterbrochen werden.

§ 50 d
Volksbegehren

(1) Die durch Volksbegehren eingebrachte Vorlage wird durch unveränderte Annahme oder durch Ablehnung erledigt. Beschließt der Landtag eine Änderung der Vorlage, so ist das Volksbegehren abgelehnt. Die geänderte Vorlage ist der eigene Gesetzentwurf des Landtags im Sinne des Artikels 60 Abs. 1 Satz 2 der Verfassung.

(2) Die durch Volksbegehren eingebrachte Vorlage wird entsprechend den Vorschriften dieses Abschnitts behandelt.

(3) Die durch Volksbegehren eingebrachte Vorlage wird in der Regel innerhalb von drei Monaten nach der Unterbreitung erledigt.

§ 51
Unerledigte Gegenstände

Am Ende der Wahlperiode oder im Fall der Auflösung des Landtags gelten alle Vorlagen, Anträge und Anfragen als erledigt. Dies gilt nicht für Regierungsvorlagen, die keiner Beschlußfassung bedürfen, für Berichte und Gutachten des Rechnungshofs, für Regierungsvorlagen im Entlastungsverfahren und zu Berichten und Gutachten des Rechnungshofs sowie für Berichte und Gutachten des Landesbeauftragten für den Datenschutz. Petitionen müssen vom neugewählten Landtag weiterbehandelt werden. Die Beratung einer durch Volksbegehren eingebrachten Vorlage, die dem Landtag von der Regierung unterbreitet und nicht erledigt worden ist, wird vom neugewählten Landtag neu aufgenommen.

X. Anträge von Abgeordneten

§ 52
Form der Anträge

(1) Anträge von Abgeordneten werden beim Präsidenten schriftlich eingebracht. Sie beginnen mit den Worten: „Der Landtag wolle beschließen" und werden so gefaßt, wie sie zum Beschluß erhoben werden sollen.

(2) Anträge können, soweit in dieser Geschäftsordnung nichts anderes bestimmt ist, von jedem Abgeordneten gestellt werden.

(3) Gegen den Willen des Antragstellers können Anträge, die nicht lediglich ein Berichtsersuchen enthalten und den Fraktionen und Gruppen spätestens eine Woche vor der Sitzung mitgeteilt worden sind, nicht für erledigt erklärt oder der Regierung als Material überwiesen werden. Der Widerspruch kann vom Erstunterzeichner oder von einem von ihm beauftragten Abgeordneten vor Beginn der Abstimmung eingelegt werden.

(4) Die Ausschüsse können zu unselbständigen Anträgen (Änderungsanträge zu überwiesenen Beratungsgegenständen) nur beschließen, einen solchen Antrag anzunehmen oder abzulehnen. Eine Erledigterklärung oder Materialüberweisung an die Regierung ist nicht zulässig. Absatz 3 findet keine Anwendung.

§53
Gesetzentwürfe

(1) Ein Antrag, der einen Gesetzentwurf enthält, bedarf der Unterzeichnung durch acht Abgeordnete oder durch eine Fraktion.

(2) Gesetzentwürfe sind mit einer Begründung zu versehen.

§54
Selbständige Anträge, die keinen Gesetzentwurf enthalten

(1) Selbständige Anträge, die keinen Gesetzentwurf enthalten, bedürfen der Unterzeichnung durch fünf Abgeordnete oder durch eine Fraktion. Sie sind in der Regel schriftlich zu begründen.

(2) Hält der Präsident einen Antrag für unzulässig, legt er ihn zunächst dem Präsidium mit seinen begründeten Bedenken vor. Über die Zulässigkeit entscheidet das Präsidium. Die Antragsteller können gegen die Entscheidung des Präsidiums einen Beschluß des Landtags über die Zulässigkeit verlangen.

(3) Anträge zu Angelegenheiten, für die die Regierung unmittelbar oder mittelbar verantwortlich ist, leitet der Präsident der Regierung zu, die innerhalb von drei Wochen zu dem Antrag Stellung nimmt. Die Stellungnahme der Regierung wird vom Präsidenten dem Erstunterzeichner übermittelt und als Drucksache verteilt. Verlangt einer der Antragsteller oder eine Fraktion nicht innerhalb von drei Wochen – gerechnet vom Ausgabedatum der Drucksache – gegenüber dem Präsidenten eine Weiterbehandlung des Antrags, so gilt der Antrag als durch die Stellungnahme der Regierung erledigt.

(4) Anträge, die nicht nach Absatz 2 erledigt sind, werden vom Präsidenten dem zuständigen Ausschuß überwiesen. Anträge, zu denen die Regierung innerhalb von drei Wochen keine Stellungnahme abgegeben hat, überweist der Präsident auf Verlangen eines der Antragsteller dem zuständigen Ausschuß. Die Ausschußanträge werden mindestens einmal monatlich in eine Sammeldrucksache aufgenommen und auf die Tagesordnung einer Sitzung des Landtags gesetzt. Grundlage der Beschlußfassung des Landtags ist der Antrag des Ausschusses. Ausschußanträge können an den Ausschuß zurückverwiesen oder an einen anderen Ausschuß verwiesen werden.

(5) Anträge, die von einer Fraktion gestellt sind, werden in den Fällen des Absatzes 3 Satz 1 und 2 auf Verlangen dieser Fraktion ohne vorherige Behandlung in einem Ausschuß auf die Tagesordnung einer Sitzung des Landtags gesetzt. In diesem Falle steht der Fraktion, die den Antrag gestellt hat, das Schlußwort zu.

§55
Mißtrauensanträge

Ein Antrag, dem Ministerpräsidenten das Vertrauen zu entziehen, bedarf der Unterstützung durch ein Viertel der Mitglieder des Landtags oder durch zwei Fraktionen. Er kann nur in der Weise gestellt werden, daß dem Landtag ein namentlich benannter Kandidat als Nachfolger zur Wahl vorgeschlagen wird. Anträge, die diesen Voraussetzungen nicht entsprechen, werden nicht auf die Tagesordnung einer Sitzung des Landtags gesetzt.

§ 56
Antrag auf Entlassung eines Ministers

Ein Antrag auf Entlassung eines Ministers bedarf der Unterstützung durch ein Viertel der Mitglieder des Landtags oder durch zwei Fraktionen.

§ 57
Dringliche Anträge

(1) Dringliche Anträge werden auf die Tagesordnung der nächsten Sitzung gesetzt.

(2) Dringlich sind Anträge,

1. die Immunität eines Abgeordneten aufzuheben,

2. dem Ministerpräsidenten das Vertrauen zu entziehen,

3. einen Minister zu entlassen,

4. einen Untersuchungsausschuß einzusetzen.

(3) Andere Anträge können vom Präsidium durch einmütigen Beschluß oder vom Landtag für dringlich erklärt werden, sofern sie drei Tage vor der Plenarsitzung eingereicht werden. Dies gilt nicht für Anträge zu Angelegenheiten, die in Form eines Antrags oder einer Großen Anfrage bereits Gegenstand der Beratungen im Landtag sind, sofern nicht inzwischen neue wesentliche Tatsachen, welche die Dringlichkeit begründen, eingetreten sind. Voraussetzung für die Dringlicherklärung eines Antrags ist, daß im üblichen Verfahren (§ 54) eine rechtzeitige Entscheidung des Landtags über einen solchen Antrag nicht erreichbar ist. Stellt das Präsidium die Dringlichkeit fest, sind die Anträge in der nächsten Sitzung zu behandeln. Werden die Anträge durch den Landtag für dringlich erklärt, sind sie in der gleichen Sitzung zu behandeln.

(4) Anträge, deren Dringlicherklärung beantragt wird, leitet der Präsident der Regierung unverzüglich zur Stellungnahme gemäß § 54 Abs. 3 zu. Wird die Dringlichkeit vom Präsidium oder vom Landtag vor Ablauf der Drei-Wochen-Frist festgestellt, sieht die Regierung von einer schriftlichen Stellungnahme zu dem Antrag ab.

XI. Anfragen und Aktuelle Debatte

§ 58
Fragestunde

(1) Jeder Abgeordnete ist berechtigt, kurze Mündliche Anfragen an die Regierung zu richten, die von der Regierung möglichst kurz beantwortet werden sollen. Hierzu soll je nach Bedarf, mindestens jedoch einmal im Monat, eine Stunde eines vom Präsidium vorzuschlagenden Sitzungstages zur Verfügung stehen. Die Fragestunde findet im Anschluß an die Mittagspause des betreffenden Sitzungstages statt, bei mehreren Sitzungstagen einer Sitzungswoche am zweiten Sitzungstag.

(2) Die Einzelheiten des Verfahrens der Fragestunde sind in den als Anlage 2 beigefügten Richtlinien geregelt.

§ 59
Aktuelle Debatte

(1) Eine Fraktion kann über ein bestimmt bezeichnetes Thema von allgemeinem Interesse, für dessen Erörterung ein aktueller Anlaß besteht, für die nächste Plenarsitzungswoche eine Aussprache beantragen (Aktuelle Debatte). Der Antrag ist schriftlich beim Präsidenten einzureichen, der ihn unverzüglich den Fraktionen und der Regierung zur Kenntnis bringt. Ist ein Thema in Form eines Antrags oder einer Großen Anfrage bereits Gegenstand der Beratungen im Landtag und sind seitdem keine neuen wesentlichen Tatsachen eingetreten, ist der Antrag nicht zulässig. Ein Antrag auf Aktuelle Debatte, der für die nächste Plenarsitzungswoche nicht zum Zuge gekommen ist, gilt als erledigt.

(2) Der Präsident setzt den Besprechungsgegenstand nach Maßgabe von Absatz 4 auf eine Tagesordnung in der nächsten Plenarsitzungswoche, wenn er den Antrag für zulässig hält. Hält der Präsident den Antrag nicht für zulässig, entscheidet das Präsidium unverzüglich über die Zulässigkeit des Antrags. Die Antragsteller können gegen die Entscheidung des Präsidiums einen Beschluß des Landtags über die Zulässigkeit verlangen. Erklärt das Präsidium den Antrag für zulässig, ist er gemäß Satz 1 zu behandeln. Erklärt der Landtag den Antrag für zulässig, ist er in der gleichen Plenarsitzungswoche zu behandeln, sofern er nach Absatz 4 zum Zuge kommt.

(3) Zwischen dem Tag des Eingangs eines Antrags nach Absatz 1 und dem Zeitpunkt der Besprechung muß mindestens eine Woche liegen. In dringlichen Ausnahmefällen kann der Präsident diese Frist mit Zustimmung der Antragsteller abkürzen.

(4) In einer Sitzung können höchstens zwei und in einer Plenarsitzungswoche höchstens vier Aktuelle Debatten stattfinden; von einer

Fraktion kann für eine Sitzungswoche nur eine Aktuelle Debatte beantragt werden. Die Behandlung der Anträge erfolgt in wechselndem Turnus unter den Fraktionen. Eine Fraktion, die in der letzten Plenarsitzungswoche mit einem Antrag nicht zum Zuge kam, kann beim nächsten Plenarturnus beginnen, soweit sie dazu einen zulässigen Antrag eingereicht hat.

§ 60
Dauer und Redezeit

(1) Die Aktuelle Debatte dauert 50 Minuten, wobei die Redezeit der Mitglieder der Regierung und ihrer Beauftragten nicht mitgerechnet wird. Der Landtag kann eine Dauer von bis zu 100 Minuten beschließen, sofern in der Sitzung nicht zwei Aktuelle Debatten stattfinden; Satz 1 Halbsatz 2 gilt entsprechend. Die Gesamtdauer der Aussprache soll im Regelfall eine Stunde nicht überschreiten; bei verlängerter Debattenzeit (Satz 2) soll die entsprechende Gesamtdauer der Aussprache von bis zu zwei Stunden nicht überschritten werden.

(2) Die Aussprache kann durch Erklärungen der Fraktionen eingeleitet werden, für welche jede Fraktion für ihren jeweiligen Sprecher in der Regel eine Redezeit von bis zu fünf Minuten und bei einer Dauer der Aktuellen Debatte von mehr als 50 Minuten eine Redezeit von bis zu fünfzehn Minuten erhalten kann. Im übrigen beträgt die Redezeit fünf Minuten. Auch die Mitglieder der Regierung und ihre Beauftragten sollen sich an diese Redezeiten halten.

(3) Die Aussprache ist in freier Rede zu führen. Das Vorlesen von Reden darf nicht genehmigt werden.

(4) Anträge zur Sache können nicht gestellt werden.

§ 61
Kleine Anfragen

(1) Jedes Mitglied kann an die Regierung schriftliche Anfragen richten.

(2) Die Anfragen müssen knapp und scharf umrissen die Tatsachen anführen, über die Auskunft gewünscht wird; sie dürfen höchstens zehn Fragen umfassen und nur eine kurze Begründung enthalten. Anfragen, die diesen Vorschriften nicht entsprechen, gibt der Präsident zurück.

(3) Der Präsident leitet die Anfrage sofort der Regierung zur schriftlichen Beantwortung zu. Die Antwort ergeht an den Präsidenten, der sie dem Fragesteller übermittelt.

(4) Anfrage und Antwort werden vervielfältigt und den Abgeordneten zur Kenntnis gebracht.

(5) Wird eine Antwort nicht binnen drei Wochen – gerechnet vom Absendedatum des Landtags – erteilt, so setzt der Präsident die Anfrage zur mündlichen Beantwortung auf die Tagesordnung der nächsten Sitzung und erteilt dem Fragesteller zur Verlesung das Wort. Wird die Anfrage mündlich beantwortet und erscheint dem Fragesteller die Antwort nicht ausreichend, so kann er ergänzende Fragen stellen. Eine Besprechung der Antwort findet nicht statt.

(6) Erfolgt eine mündliche Beantwortung der Anfrage nach ihrer Verlesung nicht, so tritt der Landtag auf Antrag von fünf Abgeordneten in eine Besprechung der Anfrage ein.

(7) Bei einer Anfrage von offenbar lokaler Bedeutung kann der Präsident dem Abgeordneten empfehlen, eine briefliche Anfrage an das zuständige Ministerium zu richten.

§ 61a
Abgeordnetenbriefe an Ministerien

(1) Schreiben von Abgeordneten an Ministerien sind wie Kleine Anfragen innerhalb von drei Wochen zu beantworten. Ist dies nicht möglich, so wird innerhalb dieser Frist eine Zwischenantwort erteilt.

(2) Hat der Unterzeichner des Schreibens innerhalb von drei Wochen nach Eingang beim Ministerium keine Antwort erhalten und auch einer Fristverlängerung nicht zugestimmt, so kann er beim Landtag die Aufnahme dieses Schreibens auf die Tagesordnung der nächsten Plenarsitzung beantragen, und zwar bis spätestens 12.00 Uhr am Montag der Plenarsitzungswoche. Der Unterzeichner hat bei Aufruf im Plenum Gelegenheit, den Minister nach den Gründen der Nichtbeantwortung zu befragen, wenn das Schreiben zu diesem Zeitpunkt noch nicht beantwortet ist.

§ 62
Einbringung von Großen Anfragen

(1) In Angelegenheiten von erheblicher politischer Bedeutung können Große Anfragen an die Regierung gerichtet werden.

(2) Große Anfragen sind dem Präsidenten schriftlich einzureichen. Sie müssen kurz und bestimmt gefaßt und von einer Fraktion oder von mindestens fünfzehn Abgeordneten unterzeichnet sein. Sie sollen schriftlich begründet werden.

(3) Hält der Präsident eine Große Anfrage nicht für zulässig, legt er sie dem Präsidium mit seinen begründeten Bedenken vor. Über die Zulässigkeit entscheidet das Präsidium. Die Fragesteller können gegen die Entscheidung des Präsidiums einen Beschluß des Landtags über die Zulässigkeit verlangen.

§ 63
Behandlung von Großen Anfragen

(1) Der Präsident teilt der Regierung die Große Anfrage zur schriftlichen Beantwortung mit.

(2) Nach Eingang der schriftlichen Antwort wird die Große Anfrage zur Besprechung auf die Tagesordnung gesetzt, wenn dies von einer Fraktion oder von mindestens fünfzehn Abgeordneten innerhalb von zwei Monaten – gerechnet vom Ausgabedatum der Drucksache – verlangt wird.

(3) Beantwortet die Regierung die Große Anfrage nicht binnen sechs Wochen nach der Zustellung, so wird die Große Anfrage zur Besprechung auf die Tagesordnung der nächsten Sitzung gesetzt.

(4) Bei der Besprechung steht einem der Unterzeichner der Großen Anfrage das Schlußwort zu.

§ 63a
Besprechung Großer Anfragen in Ausschüssen

(1) Unter den Voraussetzungen des § 63 Abs. 2 und 3 kann das Präsidium durch einstimmigen Beschluß festlegen, daß die Große Anfrage anstelle des Plenums in einem von ihm zu bestimmenden Ausschuß besprochen wird.

(2) Der Ausschuß führt die Besprechung der Großen Anfrage in öffentlicher Sitzung durch. Die Sitzung findet in der Regel im Plenarsaal statt. Presse, Rundfunk sowie sonstige Zuhörer haben wie bei Plenarsitzungen Zutritt. Bei Störungen von Zuhörern kann der Vorsitzende die gegebenen Ordnungsmaßnahmen ergreifen.

(3) Die Besprechung einer Großen Anfrage geht in der Tagesordnung anderen Beratungsgegenständen vor, die vom Ausschuß in nichtöffentlicher Sitzung zu behandeln sind. Über die Besprechung wird ein Wortprotokoll angefertigt. Auf die Überprüfung der Niederschrift findet § 102 Anwendung mit der Maßgabe, daß die Zuständigkeiten des Präsidenten vom Vorsitzenden wahrgenommen werden.

(4) § 29 findet entsprechend Anwendung mit der Maßgabe, daß der Erstunterzeichner der Großen Anfrage, wenn er nicht Mitglied des Ausschusses ist, oder ein mit seiner Vertretung beauftragter Abgeordneter mit beratender Stimme an der Besprechung teilnehmen und das Schlußwort beanspruchen kann. Ist die Große Anfrage von einer Fraktion unterzeichnet, so bestimmt diese, welches Mitglied die Rechte nach Satz 1 für die Fraktion wahrnimmt.

(5) Anträge nach § 64 müssen spätestens während der Sitzung, in welcher die Große Anfrage im Ausschuß besprochen wird, eingebracht werden. Der Präsident überweist die Anträge an den vom Präsidium

bestimmten Ausschuß. Handelt es sich um Anträge von Fraktionen, ist die Beratung öffentlich durchzuführen, wenn das Präsidium dies beschließt; im übrigen kann der Ausschuß die Beratung der Anträge auf eine spätere Sitzung verschieben, die nichtöffentlich durchzuführen ist. Der Ausschuß legt dem Landtag eine Beschlußempfehlung vor. Dem Landtag ist ein Bericht vorzulegen, sofern die Anträge in nichtöffentlicher Sitzung beraten worden sind. Absatz 4 gilt entsprechend für die Teilnahme des Erstunterzeichners eines Antrags bzw. eines von ihm beauftragten Abgeordneten.

(6) Das Präsidium regelt im übrigen die Einzelheiten des Verfahrens.

§ 64
Anträge zu Großen Anfragen

Bei der Besprechung können Anträge zur Großen Anfrage gestellt werden. Sie bedürfen der Unterstützung durch eine Fraktion oder durch mindestens fünfzehn Abgeordnete.

XII. Petitionen

§ 65
Petitionsausschuß nach Artikel 35a der Verfassung

Der Landtag bestellt zur Behandlung der an ihn gerichteten Bitten und Beschwerden (Petitionen) nach Artikel 2 Absatz 1 der Landesverfassung und Artikel 17 des Grundgesetzes einen Petitionsausschuß.

§ 66
Petitionen von zwangsweise untergebrachten Personen

Petitionen von Personen, die sich in Straf- oder Untersuchungshaft befinden oder sonst zwangsweise untergebracht sind, sind nach Maßgabe einer von der Landesregierung zu erlassenden Anordnung ungeöffnet dem Landtag zuzuleiten. Dies gilt auch für den mit der Petition zusammenhängenden Schriftverkehr des Petenten mit dem Petitionsausschuß.

§ 67
Verfahren im Landtag und im Petitionsausschuß

(1) Der Präsident leitet die Petitionen dem Petitionsausschuß zu, soweit sie nicht nach § 70 behandelt werden. Zuschriften, die nicht Bitten und Beschwerden im Sinne von Artikel 2 Absatz 1 der Landesverfassung und Artikel 17 des Grundgesetzes sind, können vom Landtag durch Kenntnisnahme erledigt werden.

(2) Der Ausschuß weist eine Petition zurück, wenn sie

1. nach Inhalt und Form eine strafbare Handlung des Einsenders darstellt oder zum Ziele hat;
2. Gegenstände behandelt, für die das Land unzuständig ist; Petitionen, die in den Zuständigkeitsbereich des Deutschen Bundestages oder eines anderen Landesparlaments fallen, werden an die zuständige Stelle abgegeben;
3. einen rechtswidrigen Eingriff in die Gerichtsbarkeit fordert, insbesondere in ein schwebendes Gerichtsverfahren eingreift; ein solcher Eingriff liegt jedoch nicht vor, wenn der Petent lediglich verlangt, daß eine Behörde sich in einem Gerichtsverfahren in bestimmter Weise verhält, oder wenn die Petition bei gerichtlich bestätigten Ermessensentscheidungen von einer Behörde eine Überprüfung oder Änderung der Entscheidung verlangt;
4. den Inhalt einer früheren Petition, über die der Landtag bereits Beschluß gefaßt hat, ohne wesentliches neues Vorbringen wiederholt.

Der Petent erhält vom Vorsitzenden des Ausschusses eine Mitteilung über die Zurückweisung.

(3) Der Petitionsausschuß kann die Stellungnahme anderer Ausschüsse des Landtags einholen.

(4) Unbeschadet der Befugnisse nach dem Gesetz über den Petitionsausschuß des Landtags können der Petitionsausschuß oder eine vom Ausschuß gebildete Kommission jederzeit die zur Aufklärung des Sachverhalts erforderlichen Maßnahmen ergreifen, insbesondere eine Ortsbesichtigung vornehmen. Im Einvernehmen mit dem Ausschußvorsitzenden kann auch der Berichterstatter eine Ortsbesichtigung vornehmen. Bei Ortsbesichtigungen ist die Regierung vorher zu benachrichtigen.

(5) Die Regierung gibt die Stellungnahme zu Petitionen, um die sie der Petitionsausschuß ersucht, innerhalb von zwei Monaten ab. Der Vorsitzende des Ausschusses kann im Einzelfall eine andere Frist bestimmen.

(6) Bevor der Petitionsausschuß dem Landtag empfiehlt, eine Petition der Regierung zur Berücksichtigung oder Veranlassung näher bezeichneter bestimmter Maßnahmen zu überweisen (§ 68 Abs. 2 Nr. 2), gibt er der Regierung Gelegenheit, sich hierzu im Ausschuß zu äußern. Will die Regierung einem dahin gehenden Beschluß des Landtags nicht entsprechen, so hat sie durch den zuständigen Minister, bei dessen Verhinderung durch den politischen Staatssekretär, vor dem Ausschuß die Gründe für ihre Haltung darzulegen. Widerspricht die Regierung nicht auf diese Weise im Ausschuß, verpflichtet sie sich, die Ausführung des Beschlusses des Landtags nachträglich nicht mehr abzulehnen.

§ 68
Entscheidung und Benachrichtigung

(1) Der Petitionsausschuß legt dem Landtag in angemessener Frist zu der Petition einen bestimmten Antrag mit einem Bericht vor. Die Anträge werden zusammen mit den Berichten in eine Sammeldrucksache aufgenommen und auf die Tagesordnung einer Sitzung des Landtags gesetzt. Anträge auf Entscheidungen nach Absatz 2 Nr. 2 sind mit den Berichten an den Anfang einer Sammeldrucksache zu setzen.

(2) Der Landtag entscheidet in der Regel wie folgt:

1. Die Petition wird, nachdem ihr durch entsprechende Maßnahmen abgeholfen wurde, oder durch den Beschluß des Landtags zu einem anderen Gegenstand für erledigt erklärt.
2. Die Petition wird der Regierung zur Kenntnisnahme, als Material, zur Erwägung, zur Berücksichtigung oder zur Veranlassung näher bezeichneter bestimmter Maßnahmen überwiesen.
3. Der Petition kann nicht abgeholfen werden.
4. Die Petition wird als zur Bearbeitung im Landtag ungeeignet zurückgewiesen.
5. Dem Petenten wird anheimgegeben, zunächst den Rechtsweg auszuschöpfen.

(3) Wird die Petition der Regierung zur Erwägung, zur Berücksichtigung oder zur Veranlassung einer bestimmten Maßnahme überwiesen, so berichtet sie schriftlich innerhalb von zwei Monaten, was sie auf Grund der überwiesenen Petition veranlaßt hat. Der Landtag kann eine andere Frist festsetzen. Läßt sich der Beschluß des Landtags nicht innerhalb von zwei Monaten oder der vom Landtag bestimmten Frist erledigen, so kann der Vorsitzende des Petitionsausschusses die Frist verlängern, wenn die Regierung rechtzeitig vor Fristablauf die Gründe darlegt, die einer fristgemäßen Erledigung entgegenstehen. Die Berichte der Regierung werden vom Präsidenten dem Petitionsausschuß überwiesen, der dem Landtag hierzu einen Antrag vorlegen kann. Der Petitionsausschuß kann eine Petition erneut beraten und dem Landtag einen Antrag vorlegen, wenn die Regierung den Bericht nicht fristgemäß vorlegt.

(4) Über die Erledigung der Petition wird der Petent, bei mehreren Unterzeichnern der erste, vom Vorsitzenden des Petitionsausschusses unterrichtet. In den Fällen des § 66 ist die Anstalt gleichzeitig zu unterrichten, soweit ein berechtigtes Interesse der Anstalt besteht.

§ 69
Mündlicher Bericht des Petitionsausschusses

Der Petitionsausschuß erstattet dem Landtag mindestens einmal im Jahr einen mündlichen Bericht über seine Tätigkeit.

§ 70
Regelung für andere Ausschüsse

(1) Betrifft eine Petition einen Gegenstand, der zur Zeit ihres Eingangs in einem anderen Ausschuß behandelt wird, so leitet sie der Präsident diesem Ausschuß zu. Sofern es einer Aufklärung des Sachverhalts mit den Mitteln des Gesetzes über den Petitionsausschuß des Landtags offensichtlich nicht bedarf, kann der Präsident auch in sonstigen Fällen die Petition einem fachlich zuständigen Ausschuß zuleiten.

(2) Für das Verfahren gelten § 67 Abs. 2 und 3 sowie § 68 Abs. 2 entsprechend. Über die Erledigung der Petition wird der Petent, bei mehreren Unterzeichnern der erste, vom Präsidenten unterrichtet.

XIII. Sitzungsordnung

§ 71
Allgemeines

Sitzungsperiode ist die Wahlperiode des Landtags.

§ 72
Zutritt zum Sitzungssaal

Während der Sitzungen des Landtags haben nur Abgeordnete und Mitglieder der Regierung zum Sitzungssaal Zutritt. Über die Zulassung von Bediensteten des Landtags entscheidet der Präsident, über die Zulassung von Beamten der zuständige Minister.

§ 73
Teilnahme an den Arbeiten des Landtags

Die Abgeordneten sind verpflichtet, an den Arbeiten des Landtags teilzunehmen.

§ 74
Teilnahme an den Sitzungen des Landtags

(1) Verhinderte Mitglieder haben den Präsidenten rechtzeitig, spätestens bis zum Beginn der Sitzung, zu unterrichten. Liegen Umstände vor, die eine rechtzeitige Unterrichtung ausschließen, so erfolgt die Benachrichtigung des Präsidenten, sobald es die Umstände gestatten.

(2) Abgeordnete, die eine Sitzung vorzeitig verlassen, machen dem Präsidenten hiervon Mitteilung.

§ 75
Urlaub

Urlaub bis zu vier Wochen erteilt der Präsident, für längere Zeit der Landtag. Urlaub auf unbestimmte Zeit wird nicht erteilt.

§76
Anwesenheitsliste

(1) In jeder Sitzung liegt eine Anwesenheitsliste auf.

(2) Übersieht ein Abgeordneter die Eintragung, so gilt seine Anwesenheit als nachgewiesen, wenn sie aus dem Sitzungsbericht festgestellt werden kann.

§77
Verfahren

(1) Vor Eintritt in die Tagesordnung werden die Urlaubsgesuche erledigt.

(2) Der Präsident unterrichtet den Landtag über die Eingänge.

(3) Vor Schluß jeder Sitzung schlägt der Präsident den Zeitpunkt der nächsten Sitzung vor. Widerspricht ein Abgeordneter, so entscheidet der Landtag.

(4) Selbständig setzt der Präsident Zeit und Tagesordnung der nächsten Sitzung fest, wenn der Landtag ihn dazu ermächtigt oder wegen Beschlußunfähigkeit oder aus anderen Gründen nicht entscheiden kann.

(5) In unaufschiebbaren Fällen kann der Präsident unter Bekanntgabe der Tagesordnung eine Sitzung einberufen. Ist eine schriftliche Einladung nicht möglich, so kann die Einladung auf anderem Wege erfolgen.

§78
Tagesordnung

(1) Die Beratungsgegenstände sollen in der Tagesordnung nach der Bedeutung, der Aktualität und unter Berücksichtigung des Sachzusammenhangs geordnet werden. Kommt ein Einvernehmen im Präsidium nicht zustande, so gilt für die Aufstellung der Tagesordnung durch das Präsidium die nachstehende Reihenfolge: Erste Aktuelle Debatte, Dringliche Anträge nach §57 Abs.2, Gesetzentwürfe, Fraktionsanträge (einschließlich sonstiger Dringlicher Anträge), Große Anfragen, zweite Aktuelle Debatte, sonstige Anträge und Vorlagen, Kleine Anfragen; abweichend hiervon kann bei Plenarsitzungen, die an zwei aufeinanderfolgenden Tagen stattfinden, jede Fraktion verlangen, daß mit Ausnahme von Aktuellen Debatten eine bestimmte eigene Initiative oder eine bestimmte Regierungs- oder sonstige nicht aus der Mitte des Landtags eingebrachte Vorlage an einem der Tage als Punkt 2 oder 3 der Tagesordnung behandelt wird. Die Ausübung des Wahlrechts erfolgt in wechselndem Turnus unter den Fraktionen. Eine Fraktion, die bei den beiden zurückliegenden Sitzungstagen nicht zum Zuge kam, kann beim nächsten Plenarturnus beginnen.

(2) Die Tagesordnung wird vom Präsidium festgestellt, sofern sie nicht gemäß § 77 Abs. 4 und 5 vom Präsidenten festgesetzt wird.

(3) Die Tagesordnung wird den Abgeordneten und der Regierung übersandt.

(4) Der Landtag kann, soweit nichts anderes bestimmt ist, auf Antrag einer Fraktion oder auf Vorschlag des Präsidenten die Tagesordnung zu Sitzungsbeginn erweitern, die Reihenfolge der Tagesordnung ändern, Gegenstände absetzen oder gleichartige oder verwandte Gegenstände gemeinsam behandeln. Gegenstände, die nicht auf der festgestellten oder vom Landtag erweiterten Tagesordnung stehen, können nicht beraten werden, wenn fünf Abgeordnete widersprechen. Für Dringliche Anträge gilt § 57.

(5) Wird für denselben Tag eine weitere Sitzung anberaumt, so gibt der Präsident Zeit und Tagesordnung mündlich bekannt.

§ 79
Schluß der Sitzung

Eine Sitzung kann vor Erledigung der Tagesordnung auf Antrag von fünf Abgeordneten geschlossen werden.

§ 80
Beschlußfähigkeit

(1) Wird die Beschlußfähigkeit vor einer Abstimmung oder Wahl bezweifelt und vom Präsidenten weder bejaht noch verneint, so wird sie durch Namensaufruf festgestellt. Der Präsident kann die Abstimmung oder Wahl kurze Zeit aussetzen.

(2) Nach Feststellung der Beschlußunfähigkeit hebt der Präsident die Sitzung auf und gibt Zeit und Tagesordnung der nächsten Sitzung bekannt.

(3) Ergibt sich die Beschlußunfähigkeit bei einer Abstimmung oder Wahl, so wird die Abstimmung oder die Wahl in einer der nächsten Sitzungen wiederholt. Ein Antrag auf namentliche Abstimmung bleibt in Kraft.

§ 81
Eröffnung der Beratung

(1) Der Präsident eröffnet und schließt die Beratung über die einzelnen Gegenstände nach der Reihenfolge der Tagesordnung.

(2) Nimmt ein Mitglied der Regierung oder ein von ihm Bevollmächtigter außerhalb der Tagesordnung das Wort, so findet eine Besprechung statt, wenn mindestens zehn Abgeordnete dies verlangen.

§82
Wortmeldungen, Worterteilung und Reihenfolge der Redner

(1) Abgeordnete und Regierungsvertreter, die sich an der Beratung beteiligen wollen, melden sich beim Präsidenten zum Wort. Es wird eine Rednerliste geführt. Der Präsident erteilt das Wort.

(2) Der Präsident bestimmt die Reihenfolge der Redner. Hierbei sollen die Sorge für eine sachgemäße Erledigung und zweckmäßige Gestaltung der Beratung sowie die Rücksicht auf die Stärke der Fraktionen maßgebend sein. Bei der Besprechung von Anfragen und der Beratung von selbständigen Anträgen soll der erste Redner nach dem Begründer des Antrags oder der Anfrage nicht derselben Fraktion angehören wie der Antragsteller. Dem Berichterstatter steht das erste und das letzte Wort zu.

(3) Regierungsvertreter müssen auf ihr Verlangen jederzeit gehört werden.

(4) Ergreift der Ministerpräsident im Verlauf einer Aussprache das Wort, so muß anschließend den Vorsitzenden der Oppositionsfraktionen auf ihr Verlangen das Wort erteilt werden. Wird von diesem Recht Gebrauch gemacht, so können danach auch die Vorsitzenden der anderen Fraktionen das Wort verlangen. Ist der Vorsitzende einer Fraktion an der Teilnahme der Sitzung verhindert, kann sein Stellvertreter nach Maßgabe der vorstehenden Sätze das Wort verlangen.

(5) Will sich der Präsident als Redner an der Beratung beteiligen, so gibt er für die Dauer dieser Beratung den Vorsitz an seinen Stellvertreter ab.

(6) Die Redner richten ihre Ausführungen ausschließlich an den Landtag.

(7) Zwischenfragen an den Redner können von Abgeordneten über die Saalmikrofone gestellt werden. Wer eine Zwischenfrage stellen will, begibt sich zu einem Saalmikrofon und wartet ab, bis der Präsident den Redner gefragt hat, ob er eine Zwischenfrage zuläßt. Wenn der Redner bejaht, erteilt der Präsident das Wort zur Zwischenfrage. Der Präsident kann die Redezeit des Redners verlängern, wenn sie durch Zwischenfragen in erheblichem Umfang in Anspruch genommen worden ist.

(8) In Immunitätsangelegenheiten soll der betroffene Abgeordnete im Landtag das Wort zur Sache nicht ergreifen.

§83
Reden und Berichte

(1) Die Redner sollen grundsätzlich in freiem Vortrag sprechen. Sie können hierbei Aufzeichnungen benutzen.

(2) Im Wortlaut vorbereitete Reden sind zulässig bei Regierungserklärungen, Erklärungen der Fraktionen und Berichten. In allen anderen Fällen bedarf das Vorlesen einer Rede der vorherigen Genehmigung des Präsidenten.

§ 83a
Rededauer

(1) Das Präsidium kann Redezeiten für die Fraktionen und für die einzelnen Redner festlegen oder die Beratungsdauer eines Gegenstandes begrenzen. Der Landtag kann auf Antrag einer Fraktion oder auf Vorschlag des Präsidenten die Beschlüsse des Präsidiums ändern. Der Präsident kann die Redezeiten der Fraktionen verlängern, wenn die Regierungsvertreter die für die Fraktionen festgelegte Redezeit erheblich überschreiten.

(2) Bei der Festlegung von Redezeiten wird allen Fraktionen grundsätzlich die gleiche Grundredezeit eingeräumt. Die Grundredezeit soll so bemessen werden, daß jede Fraktion ausreichend Gelegenheit hat, ihren Standpunkt darzulegen. Auf Verlangen einer Fraktion ist eine Zusatzredezeit einzuräumen, die dem Stärkeverhältnis der Fraktionen entspricht. Die Zusatzredezeit einer Fraktion darf 50 vom Hundert ihrer Grundredezeit nicht überschreiten.

(3) Findet bei Regierungserklärungen im unmittelbaren Anschluß daran eine Aussprache statt, erhält zunächst der Vertreter einer Oppositionsfraktion in wechselndem Turnus das Wort. Im übrigen gilt § 82 Abs. 2 Satz 2 entsprechend.

§ 84
Bemerkungen zur Geschäftsordnung

Zur Geschäftsordnung wird das Wort auf Verlangen außerhalb der Reihenfolge erteilt. Bemerkungen zur Geschäftsordnung müssen sich auf die geschäftliche Behandlung des zur Beratung stehenden Gegenstandes oder auf die Anwendung der Geschäftsordnung beschränken. Sie dürfen die Dauer von fünf Minuten nicht überschreiten.

§ 85
Schluß der Beratung

(1) Schluß der Beratung kann beantragt werden, wenn alle Fraktionen zur Darlegung ihres Standpunkts Gelegenheiten hatten. Über den Antrag wird ohne Aussprache abgestimmt. Vor der Abstimmung wird die Rednerliste bekanntgegeben.

(2) Wird der Antrag auf Schluß der Beratung abgelehnt, so kann er, wenn mindestens ein weiteres Mitglied gesprochen hat, erneut gestellt werden.

§ 86
Wiedereröffnung der Beratung

Nimmt nach Schluß der Beratung noch ein Regierungsvertreter das Wort, so ist die Beratung wieder eröffnet.

§ 87
Übergang zur Tagesordnung

(1) Übergang zur Tagesordnung kann bis zur Abstimmung jederzeit beantragt werden. Über den Antrag wird vor Änderungsanträgen abgestimmt.

(2) Zu Regierungsvorlagen kann Übergang zur Tagesordnung nicht beantragt werden.

§ 88
Persönliche Erklärungen

(1) Zu persönlichen Erklärungen erteilt der Präsident auf Verlangen vor der Abstimmung das Wort.

(2) Persönliche Erklärungen dürfen nur die Zurückweisung eines persönlichen Angriffs oder die Berichtigung einer unrichtigen Wiedergabe von Ausführungen zum Gegenstand haben.

(3) Wird die Beratung durch Vertagung unterbrochen, so erteilt der Präsident das Wort zu einer persönlichen Erklärung nach dem Vertagungsbeschluß.

§ 89
Sachliche Richtigstellung

Zu einer sachlichen Richtigstellung erteilt der Präsident vor der Abstimmung oder vor Schluß der Sitzung außerhalb der Tagesordnung das Wort.

§ 90
Verweisung zur Sache

Ein Redner, der vom Verhandlungsgegenstand abweicht, wird vom Präsidenten zur Sache verwiesen.

§ 91
Ordnungsruf, Wortentziehung

(1) Verletzt ein Abgeordneter die Ordnung, so erteilt ihm der Präsident unter Nennung des Namens einen Ordnungsruf.

(2) Bei gröblicher Verletzung der Ordnung kann der Präsident einem Redner das Wort entziehen.

(3) Ist ein Redner während einer Rede dreimal zur Sache verwiesen oder zur Ordnung gerufen und beim zweiten Male durch den Präsidenten auf die Folgen einer dritten Verweisung zur Sache oder eines dritten Ordnungsrufs hingewiesen worden, so muß ihm der Präsident das Wort entziehen.

(4) Nach der Wortentziehung wird dem Redner das Wort vor Erledigung des zur Beratung stehenden Gegenstandes nicht mehr erteilt.

§ 92
Ausschluß von der Sitzung

(1) Der Präsident kann einen Abgeordneten von der Sitzung ausschließen, wenn eine Ordnungsmaßnahme nach § 91 wegen der Schwere der Ordnungsverletzung nicht ausreicht. Der Präsident fordert den Abgeordneten auf, den Sitzungssaal unverzüglich zu verlassen. Leistet der Abgeordnete dieser Aufforderung nicht Folge, so wird die Sitzung unterbrochen. Der Abgeordnete ist damit ohne weiteres für die nächsten drei Sitzungstage von der Sitzung ausgeschlossen; der Präsident stellt dies bei Wiedereintritt in die Sitzung fest.

(2) In besonders schweren Fällen kann der Präsident im Einvernehmen mit dem Präsidium feststellen, daß der Ausschluß für mehrere Sitzungstage, höchstens jedoch für zehn Sitzungstage wirksam ist. Dasselbe gilt beim erneuten Ausschluß eines Abgeordneten, der sich innerhalb derselben Wahlperiode des Landtags bereits einmal den Ausschluß von der Sitzung zugezogen hat. Der Präsident gibt vor dem Ende der Sitzung bekannt, für wie viele Sitzungstage der Abgeordnete ausgeschlossen ist.

(3) Ein ausgeschlossener Abgeordneter darf vor Ablauf des Sitzungstages, für welchen der Ausschluß gilt, auch an keiner Ausschußsitzung teilnehmen. Bei einem Ausschluß für mehrere Sitzungstage ist der Ablauf des letzten Sitzungstages maßgebend.

(4) Während des in Absatz 3 bezeichneten Zeitraums hat der Abgeordnete keinen Anspruch auf Sitzungstagegeld.

§ 93
Einspruch gegen Ordnungsmaßnahmen

(1) Gegen den Ordnungsruf, die Wortentziehung und den Ausschluß von der Sitzung kann der Abgeordnete bis zum Beginn der nächsten Sitzung beim Präsidenten schriftlich Einspruch einlegen. Über den Einspruch entscheidet der Landtag in dieser Sitzung ohne Beratung. Der Einspruch hat keine aufschiebende Wirkung.

(2) Ordnungsmaßnahmen sowie der Anlaß hierzu werden nicht besprochen.

§94
Unterbrechung der Sitzung

Bei grober oder anhaltender Störung kann der Präsident die Sitzung unterbrechen oder aufheben. Kann sich der Präsident kein Gehör verschaffen, so verläßt er den Präsidentenstuhl; die Sitzung ist dadurch auf eine halbe Stunde unterbrochen.

§95
Weitere Ordnungsmaßnahmen

(1) Sitzungsteilnehmer, die nicht Mitglieder des Landtags sind, und Zuhörer unterstehen der Ordnungsgewalt des Präsidenten.

(2) Den Zuhörern sind Zeichen des Beifalls und der Mißbilligung sowie sonstige laute Äußerungen untersagt. Zuhörer, die hiergegen verstoßen oder die Ordnung in anderer Weise verletzen, können auf Anordnung des Präsidenten entfernt werden. Bei störender Unruhe kann der Präsident den Zuhörerraum räumen lassen.

XIV. Abstimmung

§96
Fragestellung

(1) Nach Schluß der Beratung stellt der Präsident die Fragen, über die der Landtag zu entscheiden hat. Sie werden so gefaßt, daß sie mit „Ja" oder mit „Nein" beantwortet werden können. Über Fassung und Reihenfolge der gestellten Fragen kann zur Geschäftsordnung das Wort verlangt werden. Wird den Vorschlägen des Präsidenten widersprochen, so entscheidet der Landtag.

(2) Über mehrere Teile eines Antrags kann getrennt abgestimmt werden. Die Entscheidung trifft der Landtag.

(3) Widerspricht ein Antragsteller der getrennten Abstimmung über einen Antrag, so muß über diesen im ganzen abgestimmt werden.

(4) Über Anträge, die von Abgeordneten während der Beratung gestellt werden, kann erst abgestimmt werden, wenn sie vervielfältigt den Abgeordneten vorliegen.

(5) Bei der Abstimmung über Beschlußempfehlungen der Ausschüsse, die in Sammeldrucksachen zusammengeführt werden, stellt der Präsident die Zustimmung entsprechend dem Abstimmungsverhalten im Ausschuß fest, sofern kein anderes Abstimmungsverhalten angekündigt oder keine Einzelabstimmung begehrt wird.

§97
Abstimmungsregeln

(1) Abgestimmt wird in der Regel durch Erheben von den Sitzen oder

durch Handzeichen. Ist der Präsident oder ein Schriftführer über das Ergebnis der Abstimmung im Zweifel, wird die Abstimmung wiederholt. Ergibt auch diese Abstimmung keine Klarheit, wird das Ergebnis durch Namensaufruf festgestellt.

(2) Stimmengleichheit verneint die Frage.

(3) Stimmenthaltungen werden mitgezählt bei Feststellung der Beschlußfähigkeit, nicht aber bei Berechnung der Mehrheit.

(4) Vom Beginn der Aufforderung zur Abstimmung bis zur Bekanntgabe des Ergebnisses wird ein Antrag nicht mehr zugelassen und das Wort nicht erteilt.

(5) Über Anträge zur Geschäftsordnung wird vor Anträgen zur Sache, über den Geschäftsordnungsantrag, welcher der Weiterbehandlung des Gegenstandes am meisten widerspricht, vor anderen Geschäftsordnungsanträgen und über einen Schlußantrag vor einem Antrag auf Vertagung abgestimmt.

(6) Bei mehreren Anträgen wird über den Antrag der von der Vorlage, dem Ausschußantrag, einem sonstigen Antrag zur Sache oder von dem Ansuchen einer Eingabe am weitesten abweicht, bei Zahlenunterschieden über die höhere Zahl, zuerst abgestimmt.

(7) Ein Änderungsantrag zu einem Änderungsantrag ist zulässig, soweit er im einzelnen eine Veränderung von dessen Wortlaut anstrebt und nicht lediglich das Begehren eines im gleichen Sachzusammenhang bereits gestellten Antrags wiederholt.

§ 97a
Wahlen

(1) Bei Wahlen findet geheime Abstimmung statt. Zur Abgabe der Stimmzettel werden die Abgeordneten mit Namen aufgerufen. Der Landtag bestimmt, welche besonderen Vorkehrungen zur Gewährleistung der geheimen Durchführung der Wahl zu treffen sind.

(2) Wenn kein Abgeordneter widerspricht, kann durch Handzeichen abgestimmt werden. Dies gilt nicht bei Wahlen, für welche in der Verfassung, durch Gesetz oder in dieser Geschäftsordnung geheime Abstimmung vorgeschrieben ist. Eine namentliche Abstimmung ist nicht zulässig.

(3) Die Mitglieder des Staatsgerichtshofs, der Präsident des Staatsgerichtshofs und sein ständiger Stellvertreter werden ohne Aussprache in geheimer Abstimmung gewählt. Entsprechendes gilt für die Erteilung der Zustimmung zur Ernennung des Präsidenten und des Vizepräsidenten des Rechnungshofs sowie den Landesbeauftragten für den Datenschutz.

§98
Bestimmung von Behördensitzen

(1) Ist in einem Gesetzentwurf über den Sitz einer Landesbehörde zu entscheiden, so erfolgt die Auswahl, wenn mehr als zwei Vorschläge für den Sitz der Behörde gemacht werden, erstmals und einmalig in der abschließenden Beratung nach beendeter Einzelabstimmung, aber vor der Schlußabstimmung über das Gesetz.

(2) Der Landtag wählt mit Namenstimmzetteln, auf die der jeweils gewünschte Ort zu schreiben ist. Gewählt ist der Ort, der die Mehrheit der abgegebenen gültigen Stimmen erhält. Ergibt sich keine solche Mehrheit, dann werden in einem zweiten Wahlgang die beiden Orte zur Wahl gestellt, die im ersten Wahlgang die höchste Stimmenzahl erhalten haben. Gewählt ist dann der Ort, auf den sich durch Abgabe von Namenstimmzetteln die größte Zahl der abgegebenen gültigen Stimmen vereinigt. Bei Stimmengleichheit entscheidet das vom Präsidenten zu ziehende Los.

(3) Die Bestimmungen des Absatzes 2 sind entsprechend anzuwenden, wenn die Auswahl des Sitzes einer Landesbehörde bei der Beratung eines Antrags, der keinen Gesetzentwurf enthält, vorgenommen wird.

§99
Namentliche Abstimmung

(1) Eine namentliche Abstimmung findet statt, wenn ein entsprechender Antrag durch fünf Abgeordnete unterstützt wird.

(2) Über Verfassungsänderungen muß in der Schlußabstimmung namentlich abgestimmt werden.

(3) Eine namentliche Abstimmung ist nicht zulässig

a) bei Festsetzung von Zeit und Tagesordnung der Sitzung,

b) bei Anträgen auf Vertagung der Sitzung oder der Beratung eines Gegenstandes oder auf Abkürzung der Fristen oder auf getrennte Abstimmung,

c) bei Anträgen auf Festsetzung der Mitgliederzahl eines Ausschusses,

d) bei Anträgen auf Überweisung an einen Ausschuß,

e) bei der Entscheidung über Einsprüche gegen Ordnungsmaßnahmen.

(4) Bei der namentlichen Abstimmung werden die Abgeordneten einzeln aufgerufen. Bei jeder Abstimmung wird nach Buchstabenfolge abgewechselt.

(5) Beim Aufruf ihrer Namen antworten die Abgeordneten mit „Ja" oder „Nein" oder „Stimmenthaltung". Ergeben sich Zweifel, ob und

wie ein Abgeordneter abgestimmt hat, so wird er vom Präsidenten unter Namensnennung gefragt. Erfolgt keine Antwort, so stellt der Präsident fest, daß sich der Abgeordnete an der Abstimmung nicht beteiligt. Irrtümlich abgegebene Stimmen können bis zum Schluß der Abstimmung berichtigt werden.

(6) Das Ergebnis der Abstimmung wird durch die Schriftführer festgestellt und vom Präsidenten verkündet.

(7) Wird die Richtigkeit von einem Abgeordneten bezweifelt, so erfolgt sofort eine Nachprüfung durch die Schriftführer und den Präsidenten.

(8) Nach Schluß der Sitzung, in der die Abstimmung vorgenommen wurde, kann das Ergebnis nicht mehr angefochten werden.

§ 100
Erklärungen zur Abstimmung

(1) Jeder Abgeordnete ist berechtigt, nach Bekanntgabe des Ergebnisses einer Abstimmung seine Abstimmung kurz zu begründen. Dies gilt nicht, wenn ohne Aussprache abzustimmen ist.

(2) Erklärungen einer Fraktion zur Abstimmung sind zulässig.

(3) Erklärungen zur Abstimmung dürfen die Dauer von fünf Minuten nicht überschreiten.

XV. Sitzungsberichte und Drucksachen

§ 101
Sitzungsbericht

Über jede Sitzung wird ein wörtlicher Sitzungsbericht gefertigt.

§ 102
Überprüfung der Niederschrift

(1) Jeder Redner erhält eine Niederschrift seiner Ausführungen zur Prüfung auf ihre Richtigkeit. Gibt er die Niederschrift nicht innerhalb der vom Präsidenten festgesetzten Frist zurück, so gilt sie als genehmigt.

(2) Berichtigungen dürfen den Sinn einer Rede nicht ändern. Über Korrekturen, die mit dieser Bestimmung nicht im Einklang stehen, wird der Präsident von der Landtagsverwaltung unterrichtet. Er bespricht sich mit dem Abgeordneten und entscheidet, wenn die Besprechung zu keiner Verständigung führt, darüber, in welcher Fassung die Niederschrift in den Sitzungsbericht aufzunehmen ist.

(3) Ausführungen eines Abgeordneten, dem das Wort nicht erteilt wurde, werden in den Sitzungsbericht nicht aufgenommen. Ein Abgeordneter kann eine Rede, für welche ihm das Wort hätte erteilt werden können, mit Zustimmung des Präsidenten zur Aufnahme in den Sitzungsbericht übergeben, wenn der Verzicht auf Worterteilung der sachgemäßen Erledigung der Tagesordnung dient. Die Erklärung muß dem Präsidenten vor Schluß der Sitzung schriftlich übergeben werden. Sie wird im Sitzungsbericht am Ende der Niederschrift über den Tagesordnungspunkt abgedruckt und als Erklärung zu Protokoll kenntlich gemacht.

(4) Niederschriften dürfen vor Anerkennung ihrer Richtigkeit ohne Zustimmung des Redners nur dem Präsidenten zur Einsicht überlassen werden.

§ 103
Drucklegung

(1) Die Vorlagen, Anträge und Sitzungsberichte werden gedruckt.

(2) Fand eine nichtöffentliche Sitzung statt, so bedarf es zur Drucklegung und Veröffentlichung des Sitzungsberichts der Zustimmung einer Zweidrittelmehrheit.

XVI. Geschäftsordnungsfragen

§ 104
Auslegung der Geschäftsordnung

(1) Die Auslegung der Geschäftsordnung im Einzelfall obliegt dem Präsidenten.

(2) Eine grundsätzliche, über den Einzelfall hinausgehende Auslegung der Geschäftsordnung kann der Landtag nur auf Grund eines von mindestens fünf Abgeordneten eingebrachten und vom zuständigen Ausschuß geprüften Antrags beschließen.

§ 105
Abweichung von der Geschäftsordnung

(1) Einzelne Abweichungen von der Geschäftsordnung kann der Landtag mit einer Mehrheit von zwei Dritteln der Abstimmenden beschließen.

(2) Auf Verlangen von fünf Abgeordneten geht der Beschlußfassung eine Prüfung durch den zuständigen Ausschuß voraus.

§ 106
Rechte des für die Geschäftsordnung zuständigen Ausschusses

Der für die Geschäftsordnung zuständige Ausschuß kann Fragen, die sich auf die Geschäftsführung des Landtags und seiner Ausschüsse beziehen, erörtern und dem Landtag oder dem Präsidenten darüber Vorschläge machen.

§ 107
Änderungen der Geschäftsordnung

Eine Änderung der Geschäftsordnung kann der Landtag nur auf Grund einer von fünf Abgeordneten eingebrachten und von dem für die Geschäftsordnung zuständigen Ausschuß geprüften Vorlage mit einer Mehrheit von zwei Dritteln der anwesenden Abgeordneten beschließen.

XVII. Schlußbestimmung

§ 108

Inkrafttreten[1])

Diese Geschäftsordnung tritt am 21. Oktober 1965 in Kraft.

---

1) Diese Vorschrift betrifft das Inkrafttreten der Geschäftsordnung in der damals gültigen Fassung.

Anlage 1

Regeln über die Offenlegung der beruflichen Verhältnisse der Abgeordneten

I. Die Abgeordneten haben zur Aufnahme in das Handbuch des Landtags anzugeben:

1. Die gegenwärtig ausgeübten Berufe, und zwar

    a) unselbständige Tätigkeit unter Angabe des Arbeitgebers (mit Branche), der eigenen Funktion bzw. dienstlichen Stellung,

    b) selbständige Gewerbetreibende: Art des Gewerbes unter Angabe der Firma,

    c) freie Berufe, sonstige selbständige Berufe: Angabe des Berufszweiges,

    d) Angabe des Schwerpunktes der beruflichen Tätigkeit bei mehreren ausgeübten Berufen.

    Anzugeben sind auch Berufe, deren Ausübung im Hinblick auf die Mandatsübernahme ruht.

2. Vergütete und ehrenamtliche Tätigkeiten als Mitglied eines Vorstandes, Aufsichtsrats, Verwaltungsrats, sonstigen Organs oder Beirats einer Gesellschaft, Genossenschaft oder eines in einer anderen Rechtsform betriebenen Unternehmens.

3. Vergütete und ehrenamtliche Funktionen in Berufsverbänden, Wirtschaftsvereinigungen, sonstigen Interessenverbänden oder ähnlichen Organisationen auf Landes- oder Bundesebene.

II. Die Abgeodneten haben dem Präsidenten anzuzeigen:

1. Entgeltliche Tätigkeiten der Beratung, Vertretung fremder Interessen, Erstattung von Gutachten, publizistische und Vortragstätigkeit, soweit diese Tätigkeiten nicht im Rahmen des ausgeübten Berufes liegen. Tätigkeiten der Erstattung von Gutachten, publizistische und Vortragstätigkeit sind nur anzuzeigen, wenn die Einnahmen hieraus die vom Präsidium auf Vorschlag des Präsidenten festgelegten Höchstbeträge übersteigen.[1])

2. Zuwendungen, die ihnen als Kandidat für eine Landtagswahl oder als Mitglied des Landtags für ihre Tätigkeit zur Verfügung gestellt werden, soweit diese Zuwendungen von einem Spender innerhalb eines Jahres die Höchstbeträge, die jährlich vom Präsidium auf Vorschlag des Präsidenten festgelegt werden, übersteigen.[2])

---

1) 10 000 DM im Einzelfall und 10 000 DM jährlich.
2) 3 000 DM je Spender pro Jahr.

Die Abgeordneten haben über alle Zuwendungen zu den vorgenannten Zwecken gesondert Rechnung zu führen.

Die Annahme von Entgelten oder Gegenleistungen für ein bestimmtes Verhalten als Abgeordneter ist unzulässig.

III. Wirkt ein Abgeordneter in einem Ausschuß an der Beratung oder Abstimmung über einen Gegenstand mit, an welchem er selbst oder ein anderer, für den er gegen Entgelt tätig ist, ein unmittelbares wirtschaftliches Interesse hat, so hat er diese Interessenverknüpfung zuvor im Ausschuß offenzulegen, soweit sie sich nicht aus den Angaben im Handbuch ergibt.

IV. Hinweise auf die Mitgliedschaft im Landtag in beruflichen oder geschäftlichen Angelegenheiten sind zu unterlassen.

V. In Zweifelsfragen ist der Abgeordnete verpflichtet, durch Rückfragen beim Präsidenten sich über die Auslegung der Bestimmungen zu vergewissern.

VI. Wird der Vorwurf erhoben, daß ein Abgeordneter gegen diese Offenlegungsregeln verstoßen hat, so hat der Präsident gemeinsam mit den stellvertretenden Präsidenten den Sachverhalt aufzuklären und den betroffenen Abgeordneten anzuhören. Der Abgeordnete kann selbst die Aufklärung eines gegen ihn erhobenen Vorwurfs verlangen; das Verlangen muß ausreichend begründet sein. Ergeben sich Anhaltspunkte für einen Verstoß, so hat der Präsident der Fraktion, der der betreffende Abgeordnete angehört, Gelegenheit zur Stellungnahme zu geben. Das von den Präsidenten festgestellte Ergebnis der Überprüfung wird den Fraktionen mitgeteilt.

Anlage 2

Richtlinien für die Fragestunde

1. Jeder Abgeordnete ist berechtigt, kurze mündliche Anfragen an die Regierung zu richten. Die Anfragen sind dem Präsidenten schriftlich einzureichen.

2. Ein Abgeordneter darf zu einer Fragestunde nicht mehr als zwei Mündliche Anfragen einreichen.

3. Die Fragestunde darf 60 Minuten nicht überschreiten.

4. Zulässig sind Einzelfragen über Angelegenheiten, für die die Landesregierung unmittelbar oder mittelbar verantwortlich ist, sofern sie nicht schon Gegenstand der Beratungen im Landtag sind.

5. Die Anfragen dürfen nicht mehr als zwei konkrete Fragen enthalten, müssen kurz gefaßt sein und eine kurze Beantwortung ermöglichen.

6. Anfragen, die den Nummern 1 bis 5 nicht entsprechen, gibt der Präsident zurück.

7. Die Anfragen müssen spätestens am dritten Arbeitstag vor dem Tag, an dem die Fragestunde stattfindet, bis 12 Uhr beim Präsidenten eingereicht werden.

8. Anfragen, die in der Fragestunde nicht mehr beantwortet werden können, werden von der Landesregierung schriftlich beantwortet.

9. Jeder Abgeordnete kann bei Einreichung seiner Anfragen erklären, daß er mit schriftlicher Beantwortung einverstanden ist. Zusatzfragen zu schriftlichen Antworten sind nicht zulässig. Es bleibt dem Abgeordneten überlassen, diese Fragen als selbständige Anfragen zur nächsten Fragestunde einzubringen.

10. Der Fragesteller ist berechtigt, wenn die Anfrage mündlich beantwortet wird, bis zu zwei Zusatzfragen zu stellen. Bei den Zusatzfragen darf es sich nur um eine einzelne, nicht unterteilte Frage handeln.
Zusatzfragen dürfen keine Feststellungen oder Wertungen enthalten.

11. Der Präsident kann weitere Zusatzfragen durch andere Mitglieder des Hauses zulassen; Ziffer 10 gilt entsprechend. Die ordnungsgemäße Abwicklung der Fragestunde darf dadurch nicht gefährdet werden.

12. Zusatzfragen müssen in einem unmittelbaren Zusammenhang mit der Hauptfrage stehen.

13. Anfragen, bei denen sich der Fragesteller mit schriftlicher Beantwortung einverstanden erklärt hat, werden in den Sitzungsbericht zusammen mit der schriftlich erteilten Antwort aufgenommen. Die Anfragen und die schriftlich erteilten Antworten erscheinen in dem Sitzungsbericht an der Stelle, an der sie erscheinen würden, wenn die Anfrage mündlich beantwortet wäre.

LANDESREGIERUNG
Stand: September 1992

Ministerpräsident
Erwin Teufel
7000 Stuttgart 1, Richard-Wagner-Straße 15, Fernruf (07 11) 21 53-0

Stellv. Ministerpräsident und Wirtschaftsminister
Dr. Dieter Spöri
7000 Stuttgart 1, Theodor-Heuss-Straße 4, Fernruf (07 11) 1 23-0

Minister im Staatsministerium
Dr. Erwin Vetter
7000 Stuttgart 1, Richard-Wagner-Straße 15,
Fernruf (07 11) 21 53-0, Telefax (07 11) 21 53-4 35

Innenminister
Frieder Birzele
7000 Stuttgart 1, Dorotheenstraße 6,
Fernruf (07 11) 20 72-1, Telefax (07 11) 20 72-37 79,

Ministerin für Kultus und Sport
Dr. Marianne Schultz-Hector
7000 Stuttgart 1, Schloßplatz 4 (Neues Schloß),
Fernruf (07 11) 2 79-0, Telefax (07 11) 2 79-28 10

Minister für Wissenschaft und Forschung
Klaus von Trotha
7000 Stuttgart 1, Königstraße 46 (Mitternachtsbau),
Fernruf (07 11) 2 79-0, Telefax (07 11) 2 79-30 80

Justizminister
Dr. Thomas Schäuble
7000 Stuttgart 1, Schillerplatz 4,
Fernruf (07 11) 2 79-0, Telefax (07 11) 29 20 26

Finanzminister
Gerhard Mayer-Vorfelder
7000 Stuttgart 1, Schloßplatz 4 (Neues Schloß),
Fernruf (07 11) 2 79-0, Telefax (07 11) 2 79-38 93

Minister für Ländlichen Raum, Ernährung, Landwirtschaft und Forsten
Dr. h.c. Gerhard Weiser
7000 Stuttgart 1, Kernerplatz 10,
Fernruf (07 11) 1 26-0, Telefax (07 11) 1 26-22 55

Ministerin für Arbeit, Gesundheit und Sozialordnung
Helga Solinger
7000 Stuttgart 1, Rotebühlplatz 30,
Fernruf (07 11) 66 73-0, Telefax (07 11) 66 73-70 42

Umweltminister
Harald B. Schäfer
7000 Stuttgart 1, Kernerplatz 9,
Fernruf (07 11) 1 26-0, Telefax (07 11) 1 26-28 81

Verkehrsminister
Hermann Schaufler
7000 Stuttgart 1, Hauptstätter Straße 67,
Fernruf (07 11) 6 47-1, Telefax (07 11) 6 40 76 93

Ministerin für Familie, Frauen, Weiterbildung und Kunst
Brigitte Unger-Soyka
7000 Stuttgart 1, Hauptstätter Straße 67,
Fernruf (07 11) 6 47-1, Telefax (07 11) 6 40 09 15

Staatssekretär in der Vertretung des Landes Baden-Württemberg beim Bund
Gustav Wabro
5300 Bonn 1, Schlegelstraße 2
Fernruf (02 28) 5 03-1, Telefax (02 28) 5 03-2 27

Brüssel: Informationsbüro Baden-Württemberg bei den Europäischen Gemeinschaften
B-1200 Brüssel, Square Vergote 9,
Fernruf (00 32-2) 7 41 77 11, Telefax (00 32-2) 7 41 77 99

Staatssekretär im Finanzministerium
Werner Baumhauer
7000 Stuttgart 1, Schloßplatz 4 (Neues Schloß),
Telefon (07 11) 2 79-0, Telefax (07 11) 2 79-38 93

Staatssekretär im Ministerium für Arbeit, Gesundheit und Sozialordnung
Werner Weinmann
7000 Stuttgart 1, Rotebühlplatz 30,
Fernruf (07 11) 66 73-0, Telefax (07 11) 66 73-70 42

Staatssekretär im Umweltministerium
Peter Reinelt
7000 Stuttgart 1, Kernerplatz 9,
Fernruf (07 11) 1 26-0, Telefax (07 11) 1 26-28 81

Politische Staatssekretäre bei den einzelnen Ministerien

im Ministerium für Kultus und Sport: *Rudolf Köberle*
im Ministerium für Wissenschaft und Forschung: *Josef Dreier*
im Wirtschaftsministerium: *Rainer Brechtken*
im Ministerium für Ländlichen Raum, Ernährung, Landwirtschaft und
 Forsten: *Ludger Reddemann*

ABKÜRZUNGSVERZEICHNIS

ai	amnesty international
AOK	Allgemeine Ortskrankenkasse
ASB	Arbeiter-Samariter-Bund
AStA	Allgemeiner Studentenausschuß
AWO	Arbeiter-Wohlfahrt
BMin	Bundesministerium
BUND	Bund für Umwelt und Naturschutz Deutschland
BW	Baden-Württemberg
CDA	Christlich Demokratische Arbeitnehmerschaft
CDU	Christlich Demokratische Union Deutschlands
DJD	Deutsche Jungdemokraten
DLRG	Deutsche Lebensrettungs-Gesellschaft
DRK	Deutsches Rotes Kreuz
EKD	Evangelische Kirche Deutschlands
EU	Europa Union
ev.	evangelisch
FDP/DVP	Freie Demokratische Partei/Demokratische Volkspartei
FH	Fachhochschule
FU	Freie Universität Berlin
GEW	Gewerkschaft Erziehung und Wissenschaft
HumGym	Humanistisches Gymnasium
IG	Industriegewerkschaft
IHK	Industrie- und Handelskammer
Ing.	Ingenieur
IPA	Interparlamentarische Arbeitsgemeinschaft
JU	Junge Union
jur.	juristisch
kath.	katholisch
kaufm.	kaufmännisch
KM	Kultusministerium
KPV	Kommunalpolitische Vereinigung
LKB	Landeskreditbank
MdB	Mitglied des Deutschen Bundestages
MdE	Minderung der Erwerbsfähigkeit
MdL	Mitglied des Landtages von Baden-Württemberg
Min.Präs.	Ministerpräsident
Mitgl.	Mitglied
NPD	Nationaldemokratische Partei Deutschlands
OB	Oberbürgermeister
OEW	Oberschwäbische Elektrizitätswerke
ÖDP	Ökologisch-Demokratische Partei
ÖTV	Gewerkschaft Öffentliche Dienste, Transport und Verkehr
ÖVA	Öffentliche Versicherungsanstalt der badischen Sparkassen Mannheim

OFD	Oberfinanzdirektion
OLG	Oberlandesgericht
PBC	Partei Bibeltreuer Christen
PH	Pädagogische Hochschule
pol.	politisch
Präs.	Präsident
RCDS	Ring Christlich Demokratischer Studenten
Reg.Präs.	Regierungspräsident
REP	DIE REPUBLIKANER
SDR	Süddeutscher Rundfunk
selbst.	selbständig
SGK	Sozialdemokratische Gemeinschaft für Kommunalpolitik
SPD	Sozialdemokratische Partei Deutschlands
stellv.	stellvertretender
SWF	Südwestfunk
TU	Technische Universität
Univ.	Universität
VdH	Verband der Heimkehrer
VDI	Verband Deutscher Ingenieure
VdK	Verband der Kriegsopfer
Verb.	Verband
verh.	verheiratet
Vers.	Versammlung
versch.	verschiedene
Vors.	Vorsitzender
Vorst.	Vorstand
VSVI	Verein der Straßenbau- und Verkehrsingenieure
wiss.	wissenschaftlich
WLSB	Württembergischer Landessportbund
ZDF	Zweites Deutsches Fernsehen